매일 만들어 먹고 싶은

핫플 카페의 인기 샌드위치

Prologue

핫플 카페에서 인기 있는 샌드위치, 집에서도 즐겨보세요!

감각적인 플레이팅과 맛으로 SNS를 뜨겁게 달구는 요즘 핫플 카페들, 혹시 인기 메뉴를 눈여겨본 적 있으신가요? 집에서도 이런 샌드위치를 손쉽게 즐기실 수 있도록 다양한 레시피를 준비했습니다.

식빵, 곡물빵, 베이글, 바게트, 깜빠뉴 등 여러 가지 빵을 활용해 어디서나 간편하게 즐길 수 있는 샌드위치를 만들어보세요. 마트에서 쉽게 구할 수 있는 재료에 치즈와 소스를 더해 무궁무진한 조합의 샌드위치를 만들 수 있어요. 영양 만점 샐러드와 건강한 스프레드를 미리 만들어 냉장고에 보관해 두고, 편리하게 샌드위치의 재료로 활용하면 더욱 편리해요.

다이어트에 관심이 있다면 빵 대신 채소를 듬뿍 넣은 언위치나 상큼한 당근라페 샌드위치, 고소한 후무스 샌드위치를 만들어보세요. 특별한 요리를 원하신다면 핀초스나 오징어 보카디요, 반미 샌드위치, 문어 샐러드 샌드위치를 만들어 여행지에서 먹는 듯한 분위기를 즐길 수 있습니다.

SNS에서 유명한 맛집의 비건 샌드위치 레시피도 수록되어 있어 가볍게 채식을 접해보고 싶은 분들에게 완벽한 요리책이 될 거예요. 한창 대란을 일으킨 쪽파 크림치즈 베이글을 비롯해 요즘 유행하는 샌드위치들도 다양하게 소개돼 브런치 카페 못지않은 맛을 낼 수 있답니다. 레시피마다 자세한 팁을 알려줘 요리 초보자도 차근차근 따라 하기만 하면 맛있는 50가지 샌드위치를 손쉽게 만들 수 있을 거예요.

23년간 훌륭한 가르침으로 이끌어주신 한복선 원장님, 늘 응원을 아끼지 않는 가족들, 이 책이 나오기까지 도움을 주신 리스컴 출판사에 깊은 감사의 말씀을 전합니다.

지선아

Contents

4 Prologue

basic 샌드위치 재료와 포장법

12 샌드위치 빵
16 육류 · 달걀
18 채소
22 과일
24 해물
26 치즈 · 버터
28 소스류
31 샌드위치 포장 아이디어

part 1 기본 샌드위치

- 34 잠봉뵈르
- 36 버거 샌드위치
- 38 훈제연어 샌드위치
- 40 달걀 듬뿍 샌드위치
- 42 삼색 샌드위치
- 44 클럽 샌드위치
- 46 데리야키치킨 샌드위치
- 48 참치 샌드위치
- 50 햄치즈 샌드위치
- 52 미국식 핫도그
- 54 크래미 샌드위치
- 56 그린올리브 샌드위치
- 58 애플 브리치즈 샌드위치
- 60 쪽파 크림치즈 베이글

part 2 오픈 샌드위치

- 64   양송이 페페로니 피자
- 66   문어 샐러드 샌드위치
- 68   핀초스
- 70   감바스 샌드위치
- 72   프로슈토 멜론 샌드위치
- 74   에그 베네딕트
- 76   단감 샌드위치
- 78   무화과 샌드위치
- 80   얼그레이 복숭아 샌드위치
- 82   당근라페 샌드위치
- 84   과일 프렌치토스트
- 86   오이 샌드위치

part 3 핫 샌드위치

- 90   케사디야
- 92   오징어 보카디요
- 94   피시버거
- 96   슬로피조
- 98   루벤 샌드위치
- 100   타코 샌드위치
- 102   길거리 샌드위치
- 104   프렌치 어니언치즈 샌드위치
- 106   에그인홀
- 108   가지호박 파니니
- 110   반미 샌드위치
- 112   불고기 베이크

part 4 스페셜 샌드위치

116 두부 스프레드 베이글
118 엘비스 샌드위치
120 우엉 샌드위치
122 후무스 샌드위치
124 터널 샌드위치
126 바질 토마토 샌드위치
128 PB & J 샌드위치
130 아이돌 샌드위치
132 언위치
134 아몬드페스토 샌드위치
136 샐러드 포켓 샌드위치
138 템페 샌드위치

basic

샌드위치 재료와 포장법

다양한 재료를 활용하면 더욱 맛있고 풍성한 샌드위치를 완성할 수 있어요. 신선한 채소를 듬뿍 넣고, 단백질을 더해 맛의 균형을 맞춰보세요. 풍미를 살려주는 소스로 샌드위치의 맛을 한층 끌어올려도 좋아요. 맛내기뿐 아니라 포장법을 익혀두면 먹는 즐거움도 커지고 선물용이나 도시락으로 활용하기에 손색이 없답니다.

샌드위치 빵

빵은 샌드위치의 맛을 결정하는 가장 기본적이고 중요한 재료다. 식빵 외에 치아바타, 바게트, 베이글, 크루아상 등도 많이 이용된다. 어떤 샌드위치를 만들지 고민이라면 우선 좋아하는 빵을 골라보자.

식빵

샌드위치에서 가장 기본이 되는 재료. 부드럽고 담백한 맛이 특징으로, 잼, 버터, 치즈 등 다양한 재료와 잘 어울린다. 우유식빵, 옥수수식빵, 밤식빵, 버터식빵 등 여러 종류가 있다. 최근에는 호밀이나 귀리로 만든 거친 곡물식빵이 인기다.

바게트

프랑스의 전통 빵인 바게트는 밀가루, 물, 효모, 소금만으로 만들어 담백한 맛이 특징. 겉은 바삭 단단하고 속은 쫄깃 부드러운 대표적인 겉바속촉 빵이다. 통째로 옆을 갈라 샌드위치를 만들거나, 슬라이스 해서 오픈 샌드위치를 만들기도 한다. 치즈와 햄을 넣어 샌드위치로 만들거나 짭짤한 버터만 발라 먹어도 맛있다.

베이글

쫄깃하고 담백한 맛이 특징인 베이글은 뜨거운 물에 반죽을 데친 후 굽기 때문에 지방과 당분이 거의 없어 다이어트 식품으로도 인기가 많다. 유분이 없어 신선도가 오래 유지되며, 실온에서 4일 정도 보관이 가능하다. 플레인 베이글 외에 시나몬, 어니언, 블루베리 등 다양한 종류가 있다.

크루아상

겹겹의 얇은 층으로 이루어진 크루아상은 프랑스의 아침 식사 빵으로 유명하다. 버터로 반죽 사이에 층을 만들어 구워냈기 때문에 부드럽고 촉촉하며, 지방분이 많아 아무것도 바르지 않고 그냥 먹어도 맛있다. 샌드위치로 만들어 바로 먹는 것이 더 맛있다.

깜빠뉴

'뺑 드 깜빠뉴(Pain de Campagne)'는 프랑스어로 시골빵이라는 뜻. 천연 효모로 발효시켜 만들어 쫄깃한 식감과 촘촘한 단면이 특징이다. 빵 자체도 맛있지만 샌드위치 빵으로 활용하면 더욱 풍부한 맛을 즐길 수 있다.

치아바타

이탈리아의 남부 지방에서 주로 먹는 바게트의 일종으로 이름은 '납작한 슬리퍼'라는 뜻에서 유래했다. 겉은 질긴 듯하지만 속은 부드럽고 고소하며, 수분이 적어 맛이 담백하다. 빵 사이에 재료를 넣고 그릴이나 파니니 틀에 올려 눌러주면 더욱 먹음직스럽게 된다.

곡물빵

통곡물과 씨앗이 들어간 식빵의 한 종류로 부드럽고 촉촉한 식빵과 바삭한 곡물의 식감이 어우러져 색다른 매력을 느낄 수 있는 빵이다. 곡물의 독특한 식감과 따뜻한 색감이 필요할 때 사용하면 좋다.

피타브레드

지중해 지역에서 사랑받는 담백한 빵. 가운데 공기 포켓이 있어 다양한 재료를 담아 샌드위치를 만들기에 좋다. 반으로 갈라 속을 채워 샌드위치를 만들거나 후무스, 소스 등을 곁들이기도 한다.

토르티야

옥수숫가루나 밀가루를 얇게 반죽해서 구워낸 납작한 모양의 빵. 주산지인 남미 지역에서는 주로 옥수숫가루로 토르티야를 만들지만, 시중에는 밀가루로 만든 토르티야가 많이 나온다. 피자나 타코를 만들 때 다양하게 활용할 수 있다.

잉글리시머핀

부드럽고 촉촉하며 동글납작하게 생긴 빵. 영국인들의 아침식사로 알려져 있다. 맛이 담백하고 부드러워 잼이나 버터를 발라 차와 함께 먹으면 맛있고, 반 갈라 샌드위치를 만들어 먹기도 한다. 에그 베네딕트에 사용하는 빵이 잉글리시머핀이다.

햄버거 번

햄버거 번은 설탕, 우유, 효모, 버터 등을 사용하여 만든 부드럽고 촉촉한 롤빵이다. 크기와 형태가 일정하여, 속 재료와 잘 어울리며 다른 재료의 맛을 해치지 않는다. 푹신하고 부드러운 질감 덕분에 패티와 다양한 채소, 소스와 잘 어울려 완성도 높은 햄버거를 만들 수 있다.

핫도그 번

핫도그 번은 길고 얇은 형태로, 소시지를 안정적으로 감싸는 디자인이 특징이다. 부드럽고 고소한 맛을 가지며, 소시지와 조화를 이루어 맛있고 균형 잡힌 한 끼를 만들어낸다.

육류·달걀

햄, 베이컨, 소시지 등의 가공육과 달걀은 단백질이 풍부해서 채소만으로 부족해지기 쉬운 샌드위치의 영양을 업그레이드시켜 준다. 원재료와 가공 방법에 따라 맛이 다르니 다양하게 활용해보자.

슬라이스 햄
원래 돼지고기 넓적다리 살로 만들어졌지만, 현재는 쇠고기나 닭고기 등 다양한 부위로 만들어진다. 훈연해 조리 없이 바로 사용할 수 있어 샌드위치에 자주 쓰인다.

베이컨
바삭하게 구우면 고소한 맛과 훈연 향이 진하게 살아난다. 팬에 기름을 두르지 않고 살짝 구워 낸 후 종이타월로 눌러 기름기를 빼고 사용하면, 수분이 많은 채소와 조화를 이뤄 더욱 맛있다.

프로슈토(하몽)
돼지 넓적다리 살을 소금에 절인 후 숙성시켜 만든다. 얇게 슬라이스 한 것을 시판하는데, 샌드위치에 넣으면 고소하면서도 짭짤한 맛이 좋다. 이탈리아식 생햄을 프로슈토라고 하고, 스페인식 생햄을 하몽이라고 한다.

잠봉

프랑스의 대표적인 돼지고기 햄으로, 돼지고기를 통째로 삶아서 만든다. 얇게 슬라이스한 것을 샌드위치나 샐러드 등에 다양하게 이용된다. 보통 바게트와 함께 많이 이용한다.

프랑크푸르트 소시지

독일식 소시지로 야들야들한 식감과 풍부한 육즙이 특징이다. 길쭉한 모양 때문에 주로 핫도그 재료로 사용된다. 칼집을 내어 구워야 속까지 고루 익고 소스도 잘 밴다.

파스트라미

쇠고기를 향신료와 소스로 염장한 후 훈연해 만든 햄이다. 후추 향이 강하며, 피클이나 머스터드를 곁들이면 더욱 맛있다.

달걀

완전식품인 달걀은 빵에는 없는 단백질을 공급해줄 뿐 아니라 비타민, 미네랄도 풍부하다. 삶기, 스크램블, 프라이, 샐러드 등 조리 방법에 따라 전혀 다른 맛과 식감을 낼 수 있어 응용 범위가 넓다.

채소

신선한 채소는 샌드위치에서 가장 중요한 재료다. 다양한 채소의 특성을 잘 살리면 더욱 특별한 맛을 즐길 수 있다. 여러 종류의 채소를 섞다 보면 자신만의 특별한 조합을 찾는 재미가 있다.

루콜라

특유의 쌉싸름한 맛이 매력적인 채소. 다양한 재료와 조화를 이루며 샌드위치의 맛을 풍성하게 만들어준다. 열을 가해도 맛과 향이 그대로 유지되기 때문에 핫 샌드위치에도 적합하다. 특히 고기, 파르메산 치즈, 달걀과 함께 사용하면 고급스러운 풍미가 더욱 좋아진다.

양상추

아삭한 식감과 쌉쌀한 맛이 샌드위치에 청량감을 준다. 다른 재료들의 맛을 방해하지 않으면서 신선함을 더해줘 모든 종류의 샌드위치와 잘 어울린다. 얇게 여러 장을 겹쳐 넣으면 특유의 아삭한 맛을 제대로 즐길 수 있다.

로메인

상추와 비슷하지만, 상추보다 쓴맛은 덜하고 아삭한 식감이 더 좋다. 상추와 마찬가지로 고기와 잘 어울린다. 로마 사람들이 즐겨 먹었다고 해서 이름 붙여졌으며. 특히 시저 샐러드에 자주 사용된다. 불고기 샌드위치나 닭가슴살과의 조화가 뛰어나 맛을 더해준다.

토마토

새콤하면서 과즙이 풍부한 토마토는 샌드위치에 상큼한 맛을 더해 입안을 개운하게 해준다. 얇게 슬라이스해서 샌드위치에 가지런히 올린다. 고기나 치즈를 포함한 샌드위치에 넣으면 맛과 영양이 조화롭게 된다. 완숙되어 단맛이 도는 토마토를 사용하는 것이 좋다.

아보카도

잘 익은 아보카도는 특유의 깊은 풍미와 입 안에서 크림처럼 부드럽게 녹는 맛이 아주 좋다. 샌드위치를 만들 때는 주로 얇게 저며서 올리는데, 완숙된 것을 빵에 스프레드하기도 한다. 연어, 달걀 등 다양한 재료와 잘 어울린다.

당근

샌드위치의 색을 돋보이게 하고 씹는 맛을 살려주는 재료. 채 썰거나 얇게 슬라이스해서 고기 샌드위치에 넣으면 맛과 영양의 조화를 살릴 수 있다. 새콤달콤하게 밑양념하거나 당근라페로 만들어 샌드위치에 넣으면 맛이 더욱 좋다.

양파

생양파는 톡 쏘는 매운맛과 아삭한 식감이, 구운 양파는 달콤한 맛과 풍부한 향이 매력적이다. 양파를 단촛물에 가볍게 절이면 매운맛이 줄고 새콤달콤한 풍미가 생긴다. 적양파는 흰 양파보다 단맛이 강하고, 매운맛은 상대적으로 덜해 신선한 맛을 즐길 수 있다.

양배추
양상추와 마찬가지로 샌드위치에 가장 많이 사용되는 재료. 아삭한 식감과 씹을수록 느껴지는 고소한 단맛이 좋다. 샌드위치에 채 썰어 넣으면 다른 재료들과 자연스럽게 어우러진다.

가지
구운 가지는 달콤하고 은근한 향으로 샌드위치의 풍미를 한층 높여준다. 그릴에 그냥 굽거나 팬에 기름을 살짝 둘러 구우면 좋다.

애호박
얇게 썰어서 오븐이나 에어프라이어에 구워 사용한다. 애호박을 구우면 구수하고 은은한 단맛이 돌아 샌드위치에 잘 어울린다. 용도와 취향에 따라 익히는 정도를 달리 한다.

어린잎 채소
샌드위치에 생기를 더해주는 재료. 여러 종류를 섞어 사용하면 다양한 맛과 다채로운 색감을 즐길 수 있다. 비타민과 미네랄이 풍부해 샐러드의 영양을 높여주고 고급스러움을 더해준다.

오이
아삭하고 상큼한 오이는 입안을 깔끔하게 해준다. 얇게 썰어 소금에 살짝 절여 사용하면 물기 없이 청량감을 더할 수 있다. 샌드위치에 산뜻한 뒷맛을 더하는 데 좋은 재료다.

병아리콩
씹을수록 고소한 맛이 나는 슈퍼푸드로 단백질, 섬유질, 미네랄이 풍부하다. 으깨서 후무스 스프레드로 사용하거나, 포슬포슬한 식감을 살려 그대로 넣어도 좋다. 레몬즙을 더하면 더욱 맛있다.

강낭콩
고소하면서 부드럽게 씹히는 맛이 좋아 샐러드나 샌드위치 등 다양한 요리에 활용된다. 익힌 강낭콩 통조림을 사용하면 편리하다.

쪽파
톡 쏘는 향이 있어 크림치즈 같은 스프레드 재료나 드레싱에 섞어 사용하면 향긋하면서 깔끔하다. 오리엔탈 샌드위치에 특히 잘 어울린다.

바질
특유의 향이 산뜻한 맛을 살려주는 매력적인 허브. 손으로 가볍게 찢어 샌드위치에 넣으면 풍미가 확 달라진다. 토마토, 모차렐라치즈와 함께 사용하면 좋다.

올리브
샌드위치의 감칠맛을 더해주는 올리브는 지중해식 샌드위치에 잘 어울린다. 그린 올리브와 블랙 올리브가 있는데, 그린 올리브가 톡 쏘는 맛이 좀 더 강하니 취향에 따라 선택한다.

과일

샌드위치에 감칠맛을 더하고 싶다면 달콤하고 상큼한 과일을 활용해보자. 과일은 콜드 샌드위치나 핫 샌드위치에 모두 잘 어울린다. 제철 과일을 사용하면 계절의 풍미를 느낄 수 있다.

블루베리
슈퍼푸드의 대명사인 블루베리는 달콤하면서 부드러운 신맛이 매력적이다. 유제품이나 견과류와 잘 어울리는데, 특히 크림치즈와 함께 사용하면 맛의 조화가 훌륭하다. 생 블루베리 대신 잼을 활용하면 달콤하고 촉촉한 풍미를 더할 수 있다.

사과
상큼하면서 아삭하게 씹히는 사과는 식이섬유가 풍부해 소화를 돕고 포만감을 준다. 껍질을 벗겨서 사용하기도 하지만, 깨끗이 씻어 껍질째 사용하면 모양이 살아난다. 반 갈라 얇게 슬라이스해서 샌드위치에 가지런히 올린다.

키위
새콤달콤한 맛과 부드러운 과육이 특징인 키위는 샌드위치에 알록달록한 색감을 더하며, 다양한 과일들과 잘 어울린다. 그린키위와 골드키위를 함께 사용하면 더욱 다채로운 맛과 색감을 즐길 수 있다.

바나나

바나나는 부드럽고 달콤한 맛을 더하는 과일로, 샌드위치에 사용하면 묵직하면서 포만감을 준다. 얇게 저며서 그대로 샌드위치에 올리거나 구워서 사용하기도 한다.

멜론

부드럽고 향긋하며 과즙이 풍부하고 깊은 단맛이 특징인 멜론은 누구나 좋아하는 과일이다. 얇게 썰어 샌드위치에 넣으면 상쾌한 맛이 아주 좋다. 프로슈토 같은 짭짤한 재료와 잘 어울린다.

무화과

입 안에서 톡톡 터지는 독특한 식감과 부드러운 단맛이 특징인 무화과는, 샌드위치에 고급스러운 맛을 더해주는 재료다. 잘 익은 무화과는 과육이 부드럽고 향이 풍부해 짭짤한 햄이나 치즈와 잘 어울린다. 말린 무화과는 쫀득하면서 진한 단맛이 매력적이다.

감

부드러운 단맛이 좋은 감은 어떤 과일보다 비타민C가 풍부한 과일이다. 크림치즈와의 조화가 뛰어나 샌드위치의 맛을 한층 더 풍부하게 해준다. 가을철 제철 감을 사용하면 신선하고 자연스러운 단맛을 느낄 수 있다.

해물

해물은 샌드위치를 근사한 요리로 변신시킬 수 있는 특별한 재료다. 단백질이 풍부해 샌드위치의 영양을 높여주고, 다양한 조리법으로 활용할 수 있어 더욱 매력적이다.

새우
부드럽고 탱글탱글한 식감이 특징인 새우는 구우면 더욱 깊은 감칠맛을 느낄 수 있다. 상큼한 레몬 드레싱을 곁들여 비린 맛을 잡아주면 더욱 맛있게 먹을 수 있다.

오징어
특유의 바다 향과 쫄깃한 맛이 매력인 오징어는 샌드위치에 신선한 풍미를 더한다. 굽거나 튀겨서 사용하면 좋은데, 레몬즙을 살짝 뿌리면 깔끔한 맛이 더욱 좋아진다. 조리 후 바로 먹으면 최상의 맛을 즐길 수 있다.

게맛살
달큰한 맛이 도는 게맛살은 샌드위치에 편리하게 활용할 수 있는 재료다. 마요네즈와 섞어 크래미 샐러드를 만든 후 샌드위치에 얹으면 간편하고 맛있는 샌드위치를 완성할 수 있다.

훈제연어

진한 훈연 향과 깊은맛이 좋은 훈제연어는 샌드위치에 고급스러운 풍미를 부여한다. 신선한 채소나 크림치즈와 함께 브런치 샌드위치로 즐기기에 안성맞춤이다. 레몬즙을 조금 더하면 맛이 깔끔하고 풍미가 더욱 살아난다.

문어

고소하고 쫄깃한 식감이 특징인 문어는 고단백 저지방 식품이다. 삶은 문어를 채소와 함께 샐러드 형태로 준비하면 샌드위치 속 재료로 활용하기 좋다.

흰살생선

살이 담백하고 부드러운 식감이 특징인 흰살생선은 건강한 샌드위치 재료로 인기가 많다. 대구, 광어, 도미 등을 사용하며 구이와 튀김으로 활용하면 더욱 맛있다.

참치캔

조리 없이 바로 사용할 수 있어 간편하면서도 단백질이 풍부한 참치는 샌드위치 재료로 가장 널리 사용되는 재료다. 상추, 오이, 토마토 등 신선한 채소와 곁들이면 식감과 맛의 균형이 살아난다.

치즈·버터

치즈는 샌드위치에 고급스럽고 풍부한 맛을 더해주는 핵심 재료다. 다양한 종류의 치즈를 사용하면 샌드위치에 개성과 독특한 풍미를 부여할 수 있어, 같은 샌드위치라도 매번 새로운 맛을 즐길 수 있다.

모차렐라치즈

모차렐라는 부드럽고 순한 맛으로 다양한 샌드위치에 잘 어울린다. 신선한 토마토와 바질을 함께 넣으면 상큼하고 깔끔한 맛을 즐길 수 있다. 핫 샌드위치에 넣으면 치즈가 쫀득하게 녹아 더욱 맛있다.

고다치즈

고다는 진한 고소함과 부드러운 질감을 지닌 치즈로, 핫 샌드위치에 넣으면 치즈가 잘 녹아 부드럽고 크리미한 식감을 제공한다.

체더치즈

체더는 노란색이 특징이며, 짭짤하고 진한 풍미를 자랑한다. 핫 샌드위치에 넣으면 부드럽게 녹아 맛을 더욱 풍성하게 만들어준다.

에멘탈치즈

스위스의 대표 치즈인 에멘탈은 구멍이 숭숭 뚫려 있는 독특한 형태가 특징이다. 비교적 짠맛이 덜하고 은은한 단맛이 있어 샌드위치에 잘 어울린다. 구멍 사이로 다른 재료가 보이는 비주얼도 매력적이다.

브리치즈

부드럽고 순한 맛이 특징. 열을 가하면 속이 크림처럼 부드러워진다. 견과류와 함께 와인 안주로 내면 좋다. 얇게 썰어서 샌드위치에 올리면 좋다. 상큼한 크랜베리나 사과 등과도 맛이 잘 어울린다.

그뤼에르치즈

그뤼에르는 풍미가 강한 스위스의 치즈로, 핫 샌드위치에 넣으면 더욱 부드럽고 진한 맛이 더해진다. 단단한 질감과 고소한 맛으로 다양한 샌드위치에 적합하다.

크림치즈

부드럽고 순한 맛이 나는 크림치즈는 빵이나 크래커에 발라 먹기에 좋다. 베이글과 특히 잘 어울리며, 여러 가지 향이나 맛을 추가해 다양한 종류로 즐길 수 있다.

버터

샌드위치 빵에 바르거나 얇게 썰어 얹어 사용한다. 가염버터는 짭짤한 풍미가 있어 샌드위치에 잘 어울린다. 바삭하게 구운 따뜻한 토스트 위에 버터를 올리면 고소한 맛이 한층 살아난다.

소스류

각종 소스는 샌드위치의 풍미를 강조해주는 중요한 재료다. 적절한 소스는 해물의 비린내를 없애고, 채소의 맛을 올려준다. 아주 조금만 넣어도 브런치 카페의 셰프와 같은 특별한 맛을 낼 수 있다.

땅콩버터
고소한 맛과 함께 단백질, 비타민, 식이섬유가 풍부한 부드러운 스프레드다. 샌드위치에 바르면 고소한 맛이 좋고, 식사 대용으로도 손색이 없다. 담백한 맛부터 달콤한 맛, 바삭한 식감을 가진 제품까지 다양한 종류가 있어 취향에 맞게 선택할 수 있다.

사워크림
생크림을 발효시켜 만든 사워크림은 특유의 새콤한 맛이 특징이다. 맵고 진한 맛의 육류나 느끼한 버터감자, 베이컨과 잘 어울리며, 샌드위치에 고소함과 산뜻한 산미를 더해준다.

머스터드
톡 쏘는 향과 알싸한 맛이 매력인 소스. 홀그레인 머스터드는 새콤한 맛과 특유의 식감이 좋고 허니 머스터드는 달콤하고 고소한 맛이나 튀김이나 기름진 요리와 잘 어울린다.

마요네즈
식초, 식용유, 달걀노른자 등을 주재료로 만든 마요네즈는 새콤하고 고소한 맛이 특징이다. 샌드위치에 넉넉히 바르면 부드러움과 함께 깊은 풍미를 더할 수 있다.

타르타르소스
마요네즈에 다진 피클, 양파, 허브 등을 넣어 만든 소스로, 해물 샌드위치에 자주 사용된다. 기름진 재료의 느끼함을 잡아주고 산뜻한 풍미를 더해주는 역할을 한다.

데리야키소스
간장, 설탕, 맛술, 생강, 마늘 등을 졸여 만든 달콤 짭짤한 소스다. 샌드위치에 활용하면 감칠맛이 더해진다. 특히 닭고기나 쇠고기, 버섯과 잘 어울린다.

발사믹 식초
발사믹 식초는 은은한 단맛과 강한 신맛을 지닌 식초로 소량만 사용해도 샌드위치의 맛을 균형 있게 잡아준다. 신선한 채소나 치즈와 잘 어울린다.

홀랜다이즈소스
홀랜다이즈소스는 녹인 버터와 달걀노른자를 베이스로 만든 부드러운 소스다. 따뜻하게 데워서 구운 채소나 달걀 등에 듬뿍 얹으면 좋다. 특히 에그 베네딕트와 같은 핫 샌드위치에 잘 어울린다.

홀스래디시소스
고추냉이와 비슷한 톡 쏘는 매운맛과 향을 가진 소스로, 육류가 들어간 샌드위치에 자주 사용된다. 특유의 매운맛은 샌드위치의 풍미를 올려준다.

타코시즈닝
멕시코풍 향신료를 섞은 타코시즈닝은 고기나 채소에 강렬하고 매콤한 맛을 더해준다. 타코뿐만 아니라 샌드위치에 활용하면 매력적인 맛을 연출할 수 있다.

스리라차
매운맛이 강한 소스로, 샐러드 드레싱이나 샌드위치 소스, 곁들임 소스로 활용된다. 칼로리가 낮아 가벼운 매콤함을 살리는 데 적합하다.

살사소스
토마토, 고추, 양파 등을 다져 만든 소스로, 타코나 나초에 곁들인다. 상쾌한 매운맛과 새콤한 맛이 입맛을 돋운다.

핫소스
매운맛과 시큼한 맛이 특징으로, 입맛을 돋우기에 좋다. 특히 피자나 파스타와 같은 기름진 음식과 잘 어울린다.

우스터소스
새콤하고 짭짤한 맛이 특징인 영국식 발효 소스. 돈까스, 스테이크, 핫 샌드위치에 풍부한 감칠맛을 더해준다.

토마토소스
신선한 토마토의 풍미가 그대로 살아 있어 특히 치즈, 햄, 바질과 잘 어울린다. 다양한 재료와 잘 어우러져 풍부한 맛을 낸다.

피시소스
생선을 발효해 만든 소스로, 특유의 깊은 맛을 낼 수 있다. 육류와 해물과 잘 어울리며, 아시아풍 샌드위치에 활용하기 좋다.

바질페스토
바질과 견과류, 올리브오일을 갈아 만든 소스로, 향긋하고 고소한 맛이 특징이다. 샌드위치나 샐러드에 활용하면 상쾌한 맛을 더할 수 있다.

샌드위치 포장 아이디어

샌드위치를 예쁘게 포장하면 도시락으로도 손색없고, 카페처럼 특별한 분위기를 낼 수 있다. 먹기도 편하고, 휴대도 간편한 핫플 카페 스타일 샌드위치 포장법으로 언제 어디서나 세련된 한 끼를 즐겨보자!

종이 박스이나 플라스틱 용기에 담기

샌드위치를 종이 박스이나 플라스틱 용기에 담아 흐트러지지 않도록 깔끔하게 배치한다. 투명한 플라스틱 뚜껑을 사용하면 신선하고 맛있는 속재료가 한눈에 보여 시각적으로도 세련된 인상을 줄 수 있다.

먹기 좋게 랩지로 감싸기

샌드위치를 랩이나 유산지로 감싸면 깔끔하고 감각적인 포장이 완성된다. 유산지나 랩의 끝부분을 잘 접어서 샌드위치가 흐트러지지 않게 한다. 매직 랩을 이용해 타이트하게 싸면 먹을 때 내용물이 흘러내리지 않아서 편리하다.

디테일한 꾸미기

종이 포장지나 로고 스탬프를 활용해 포장에 섬세한 디테일을 더하면, 한층 더 세련된 분위기를 연출할 수 있다. 샌드위치 위에 리본을 살짝 묶어주면 작지만 우아한 포인트가 된다. 포장지 위에 작은 메모를 적어 넣으면, 자신만의 감성과 개성을 담은 특별한 포장이 완성된다.

part 1

기본 샌드위치

몇 가지 재료의 조합으로 쉽게 만들 수 있는 샌드위치. 오랫동안 사랑받아 온 클래식 샌드위치 14가지를 소개합니다.

잠봉뵈르

프랑스식 햄(잠봉)과 레몬딜버터가 어우러진 클래식 바게트 샌드위치입니다.
심플한 재료 속 깊은 풍미가 살아 있어, 가볍지만 품격 있는 한 끼예요.

재료 (2인분)

바게트(작은 것) 2개
잠봉 8장

레몬딜버터 버터 100g, 레몬 1개, 딜 5g, 소금 조금

1 딜은 잘게 다진다.

4 ③을 종이포일로 싸서 냉동실에서 1시간 정도 굳힌 후 바게트에 들어갈 크기로 자른다.

2 레몬은 강판을 이용해 제스트를 만들고, 과육은 즙을 낸다.

5 잠봉은 한 장씩 돌돌 말아 준비한다.

3 믹싱볼에 다진 딜과 레몬제스트, 버터, 소금을 넣고 부드러워질 때까지 잘 섞는다.

6 바게트를 반으로 갈라 잠봉을 나란히 올리고 그 위에 레몬딜버터를 올린다.

tips

레몬딜버터는 용도대로 잘라 냉동실에 넣어두고 사용하면 편리하다.
잠봉 대신 슬라이스 햄을, 바게트 대신 크루아상이나 치아바타를 사용해도 좋다.

버거 샌드위치

두툼한 패티와 신선한 채소, 고소한 치즈를 갓 구운 번에 가득 담았습니다.
수제버거의 정석을 집에서도 손쉽게 즐길 수 있어, 특별한 한 끼로 제격이에요.

재료 (2인분)

햄버거 번 2개
토마토 1개
양상추 4장
양파 50g
슬라이스 체더치즈 2장

버터 30g
마요네즈 2큰술
홀그레인 머스터드 1큰술
소금 조금

쇠고기 패티 다진 쇠고기 300g, 다진 양파 30g, 빵가루 2큰술, 후춧가루·시즈닝솔트 조금씩

1 다진 쇠고기는 후춧가루와 시즈닝솔트로 밑간한다.

4 달군 팬에 버터를 녹인 후 햄버거 번의 잘라진 단면을 살짝 굽는다.

2 곱게 다진 양파와 빵가루를 넣어 섞고 잘 치대어 동글납작하게 빚는다.

5 달군 팬에 버터를 녹인 후 고기 패티를 올려 앞뒤로 노릇노릇하게 굽는다.

3 토마토는 얇게 저민 후 종이타월로 물기를 없앤다. 양상추는 큼직하게 자르고, 양파는 얇게 링썰기해서 물에 담가 매운맛을 뺀다.

6 햄버거 번에 마요네즈와 홀그레인 머스터드를 바르고 양상추를 깐 후 고기 패티, 치즈, 양파, 토마토를 올린다.

tips
피클이나 할라피뇨를 올려도 좋고, 기호에 따라 돈까스소스, 우스터소스, 토마토케첩을 뿌리기도 한다.

훈제연어 샌드위치

담백한 아보카도와 훈제연어의 조화가 인상적인 브런치용 샌드위치입니다.
영양과 맛을 동시에 잡은 '맛이 없을 수 없는' 건강한 메뉴예요.

재료 (2인분)

베이글 2개
훈제연어 200g
적양파 50g
아보카도 1개

크림치즈 4큰술
후춧가루 조금
레몬즙 조금

1 베이글은 반으로 갈라 팬이나 토스터에 살짝 굽는다.

4 잘 숙성된 아보카도를 반 갈라 씨를 빼고 껍질을 벗겨 얇게 썬다.

2 훈제연어는 종이타월로 꼭꼭 눌러 기름기를 빼고 후춧가루와 레몬즙을 고루 뿌려준다.

5 자른 베이글 한쪽에 크림치즈를 바르고 연어, 양파, 아보카도를 차례로 올린다.

3 적양파는 얇게 링썰기한 후 찬물에 담가 매운맛을 빼고 물기를 없앤다.

6 나머지 베이글 단면에 크림치즈를 바른 후 ⑤ 위에 덮는다.

tips
기호에 따라 홀스래디시나 케이퍼를 얹어도 좋다.

달걀 듬뿍 샌드위치

부드러운 달걀 샐러드를 풍성하게 담아낸 기본에 충실한 샌드위치예요.
모닝빵, 바게트 등 다양한 빵과도 잘 어울려 활용도가 높습니다.

재료 (2인분)

식빵 4장
달걀 5개
양파 50g

마요네즈 5큰술
머스터드 1큰술
소금·후춧가루 조금씩

1 달걀은 완숙으로 삶아 적당한 크기로 다진다.

4 촉촉한 식빵을 굽지 않고 준비한 후 ③의 달걀 스프레드를 넉넉히 올려 고루 바른다.

2 양파는 곱게 다져 물에 잠시 담가 매운맛을 뺀 다음 물기를 꼭 짠다.

5 위에 식빵 한 장을 덮는다.

3 다진 달걀과 양파에 마요네즈, 머스터드, 소금, 후춧가루를 넣고 고루 섞는다.

6 식빵의 가장자리를 빵칼로 잘라 정리한 후 먹기 좋은 크기로 반 자른다.

tips
다진 양파의 물기를 꼭 짜줘야 한다. 그렇지 않으면 질척거려서 샌드위치의 모양이 흐트러지기 쉽다.

삼색 샌드위치

햄, 오이, 달걀이 층층이 쌓여 시각적으로도 아름다운 샌드위치입니다.
애프터눈 티타임부터 아이들 간식, 피크닉 메뉴까지 폭넓게 활용할 수 있어요.

재료 (2인분)

식빵 8장
오이 1개
슬라이스 햄 8장
달걀 4개
마요네즈 1/2컵
머스터드 1큰술
소금 조금

1
오이는 씨 부분을 도려내고 곱게 다져 소금에 절였다가 물기를 꼭 짠 후 마요네즈 1/3을 덜어 넣고 버무린다.

4
식빵 위에 햄을 두툼하게 바르고 식빵을 덮는다. 그 위에 달걀을 바르고 식빵, 오이, 식빵 순으로 덮어 완성한다.

2
슬라이스 햄은 채 썰어 곱게 다진 후 마요네즈 1/3을 넣어 버무린다.

5
식빵의 가장자리를 빵칼로 잘라 정리하고 먹기 좋은 크기로 잘라 삼색 단면이 예쁘게 나오도록 한다.

3
달걀은 완숙으로 익혀 곱게 다진 후 나머지 마요네즈와 머스터드를 넣고 버무린다.

tips
달걀은 노른자만 이용하거나, 노란색의 체더치즈를 다져서 섞어 선명한 노란색으로 만들어도 좋다.

클럽 샌드위치

햄과 달걀, 신선한 채소가 어우러진 균형 잡힌 구성의 미국식 정통 샌드위치입니다.
든든한 식사 대용은 물론 다양한 상황에 잘 어울리는 실용적인 메뉴예요.

재료 (2인분)

식빵 6장
토마토 1개
양상추 4장

달걀 2개
슬라이스 체더치즈 2장
슬라이스 햄 8장

머스터드 2큰술
마요네즈 2큰술
딸기잼 2큰술

1
식빵은 팬이나 토스터에 노릇하게 굽는다.

4
달걀은 프라이를 해서 준비한다.

2
토마토는 얇게 슬라이스해서 종이타월로 물기를 없앤다.

5
구운 식빵에 마요네즈를 바르고 그 위에 양상추와 토마토를 올린다.

3
양상추는 잎을 떼어 물에 씻고 물기를 없앤다.

6
식빵에 머스터드를 발라 ⑤ 위에 올리고 치즈, 햄, 달걀프라이를 순서대로 올린다. 또 다른 식빵에 딸기잼을 발라 덮는다.

데리야키치킨 샌드위치

특제 데리야키 소스로 맛을 낸 치킨과 아삭한 채소가 조화로운 샌드위치입니다.
달콤 짭짤한 감칠맛이 살아 있어 누구나 좋아할 만한 메뉴예요.

재료 (2인분)

치아바타 2개
닭다리살 200g
적양파 50g
로메인 2장
토마토 1개

슬라이스 체더치즈 4장
마요네즈 4큰술
소금·후춧가루 조금씩
청주 1큰술

데리야키 소스 간장·물 2큰술씩, 설탕·청주·맛술 1큰술씩

1
닭다리살을 먹기 좋은 크기로 잘라 소금, 후춧가루, 청주로 밑간한다.

4
팬에 식용유를 두르고 닭다리살을 굽는다. 2/3 정도 익으면 데리야키소스를 넣어 섞고 마저 익힌다.

2
적양파는 얇게 링썰기해서 물에 담가 매운맛을 뺀 다음 물기를 없앤다.

5
치아바타는 팬이나 토스터에 구워 반 가른 후 양쪽 단면에 마요네즈를 살짝 바른다.

3
로메인은 씻어서 물기를 뺀다. 토마토는 얇게 저며 썬 후 종이타월로 물기를 없앤다.

6
치아바타에 로메인, 적양파, 토마토, 데리야키 치킨, 체더치즈를 올리고 빵으로 덮는다.

tips

닭다리살 대신 닭가슴살을 이용해도 되고, 닭고기를 통째로 익혀 넣어도 좋다.
칠리소스를 넣으면 단짠의 조화가 좋다.

참치 샌드위치

프랑스 니스 지방의 '팡 바냐'를 모티브로 한 담백한 참치 샐러드 샌드위치입니다.
마요네즈 대신 올리브오일을 사용해 깔끔하고 건강한 맛이 특징이에요.

재료 (2인분)

치아바타 2개
로메인 4장
적양파 50g

토마토 2개
삶은 달걀 2개
머스터드 2큰술

참치 샐러드 참치캔 200g, 올리브오일 3큰술, 발사믹 식초 1작은술, 올리브 10개, 소금·후춧가루 조금씩

1 참치는 체에 밭친 채 눌러서 기름기를 없앤다.

4 토마토는 얇게 슬라이스한 후 종이타월로 물기를 없앤다.

2 ①의 참치에 올리브를 슬라이스해서 넣고 올리브오일, 발사믹 식초, 소금, 후춧가루를 넣어 잘 섞어준다.

5 삶은 달걀은 동그란 모양을 살려 얇게 슬라이스한다.

3 적양파는 링으로 얇게 썰어 매운맛을 뺀 다음 물기를 없앤다.

6 치아바타에 머스터드를 바르고 로메인을 깐 다음 참치, 적양파, 토마토, 삶은 달걀을 올린다.

tips

참치 대신 엔초비를 넣어도 좋다. 짭조름한 멸치와 신선한 채소의 맛이 일품이다.
빵은 바게트, 반미, 깜빠뉴도 잘 어울린다.

햄치즈 샌드위치

버터 풍미 가득한 크루아상에 햄, 치즈, 신선한 채소를 더한 클래식 조합입니다.
고소함과 아삭함이 조화를 이루며, 아침 식사나 브런치로 잘 어울려요.

재료 (2인분)

크루아상 2개
양상추 4장
토마토 1개

슬라이스 햄 8개
슬라이스 체더치즈 4장
버터 15g

1 양상추는 씻어서 물기를 빼두고, 토마토는 얇게 썰어 종이타월로 물기를 없앤다.

4 반 가른 크루아상에 버터를 바른 후 양상추를 깔고 햄을 올린다.

2 슬라이스 햄은 반으로 접어놓는다.

5 치즈를 삼각 모양으로 잘라 햄 위에 겹쳐 올린다.

3 크루아상은 반 갈라 토스터에 살짝 굽는다.

6 슬라이스한 토마토를 올리고 윗면을 덮는다.

tips

토마토 대신 얇게 썬 사과를 넣어도 좋고, 햄 대신 에그 스크램블을 넣어도 좋다.
홀그레인 머스터드와 마요네즈, 꿀을 2:1:1로 섞어서 소스를 만들어 발라도 좋다.

미국식 핫도그

아이들이 좋아하는 정통 미국식 핫도그를 간편하게 만들 수 있는 레시피입니다.
톡 터지는 소시지와 고소한 빵이 조화를 이루는 간식용 메뉴로 인기예요.

재료 (2인분)

핫도그 번 2개
버터 조금
로메인 2장

프랑크푸르트 소시지 2개
양파 50g
오이피클(슬라이스) 5쪽

마늘 플레이크 조금
마요네즈·머스터드·토마토케첩 2큰술씩

1
핫도그 번은 갈라 버터를 발라 굽는다.

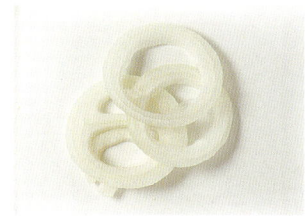

4
양파는 링으로 얇게 썰어 찬물에 담가 매운맛을 뺀 후 물기를 없앤다.

2
소시지에 어슷하게 칼집을 넣은 후 마른 팬에 굴려가며 칼집이 벌어지도록 굽는다.

5
피클은 곱게 다져 물기를 꼭 짠다.

3
로메인은 씻어서 물기를 완전히 없앤다.

6
핫도그에 마요네즈를 바르고 로메인을 깐 뒤 소시지, 피클, 양파를 올리고 머스터드, 케첩, 마늘 플레이크를 뿌린다.

tips

양파는 굵게 다져 넣어도 된다.
소시지는 데쳐서 구워 부드러운 맛을 내기도 한다.

크래미 샌드위치

마요네즈로 버무린 크래미 샐러드를 활용한 부드럽고 고소한 샌드위치입니다.
간단하게 만들 수 있어 아침 식사나 도시락용으로도 좋습니다.

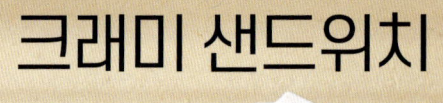

재료 (2인분)

식빵 4장
양상추 8장
양파 50g
오이 1/2개

크래미 샐러드 크래미 300g, 마요네즈 5큰술, 홀그레인 머스터드 2큰술, 꿀 1큰술, 레몬즙·후춧가루·소금 조금씩

1 오이는 얇게 썰어 소금에 살짝 절인 후 물기를 꼭 짠다.

4 양상추는 찬물에 헹궈 물기를 없앤다.

2 양파는 곱게 다져서 찬물에 헹궈 물기를 꼭 짠다.

5 오이, 양파, 크래미를 한데 담고 마요네즈, 홀그레인 머스터드, 꿀, 레몬즙, 후춧가루를 넣고 잘 섞어 크래미 샐러드를 만든다.

3 크래미는 결대로 가늘게 찢어 준비한다.

6 매직 랩에 식빵 한 장을 깔고 양상추를 여러 겹 올린 후, 크래미 샐러드를 듬뿍 얹고 식빵을 덮는다. 매직 랩으로 단단히 감싸 반으로 자른다.

tips

바게트나 모닝빵, 소금빵과도 잘 어울린다.
고추냉이를 조금 넣어도 별미다.

그린올리브 샌드위치

상큼한 지중해풍 샐러드를 연상케 하는 건강한 비건 샌드위치입니다.
올리브의 풍미가 살아 있고, 동물성 재료 없이도 풍성한 맛을 느낄 수 있어요.

재료 (2인분)

치아바타 2개
그린올리브 7개
토마토 1개
양상추 8장
양파 50g
애호박 50g
가지 50g
버터 30g
올리브오일 2큰술
소금·후춧가루 조금씩

레몬 드레싱 올리브오일 3큰술, 발사믹 식초·레몬즙 1큰술, 설탕 1큰술, 다진 양파 20g, 다진 파슬리·후춧가루 조금

1 올리브는 모양을 살려 슬라이스한다.

4 가지와 애호박은 동그란 모양을 살려 얇게 저민 후 오일 두른 팬에 소금과 후춧가루로 간해서 굽는다.

2 토마토는 얇게 썰어 종이타월로 물기를 없앤다.

5 재료를 분량대로 잘 섞어 레몬 드레싱을 만든다.

3 양파는 얇게 썰어 찬물에 담가 매운맛을 뺀 후 물기를 없앤다. 양상추는 적당히 뜯어둔다.

6 치아바타를 반 갈라 버터를 조금 바르고 준비한 재료를 모두 올린 후 레몬 드레싱을 뿌리고 뚜껑을 덮는다.

tips
채소는 그릴에 구워도 좋다.

애플 브리치즈 샌드위치

상큼한 사과와 크리미한 브리치즈의 조합이 돋보이는 고급스러운 샌드위치입니다.
맛의 대조가 선명해 식사 또는 와인 안주로도 잘 어울려요.

재료 (2인분)

바게트(큰 것) 1개
사과 50g
양상추 3장
브리치즈 60g

슬라이스 햄 6장
꿀 2큰술
허니 머스터드 2큰술
버터 30g

1 큰 바게트를 2토막으로 나눈 뒤 반 갈라 오븐에 살짝 구워 버터를 바른다.

3 브리치즈는 도톰하게 썰고, 슬라이스 햄은 낱장으로 준비한다.

2 사과는 껍질째 깨끗이 씻어 반 잘라 얇게 썬다. 양상추는 씻어서 물기를 없앤다.

4 바게트에 양상추를 깔고 허니 머스터드를 뿌린 뒤 햄, 사과, 치즈, 꿀을 올리고 바게트 뚜껑을 덮는다.

tips

사과와 꿀 대신 사과잼을 넣어도 좋다.

쪽파 크림치즈 베이글

SNS에서 화제를 모은 쪽파 크림치즈 베이글을 집에서도 즐길 수 있어요.
알싸한 쪽파와 부드럽고 고소한 크림치즈의 조화가 인상적입니다.

재료 (2인분)

베이글 2개
크림치즈 200g
쪽파 30g
꿀 2큰술
후춧가루 조금

1
쪽파는 송송 썰어 종이타월로 살살 눌러 물기를 없앤다.

3
베이글은 옆으로 반 가른 후 토스터에 굽는다.

2
크림치즈는 실온에 잠깐 두었다가 송송 썬 쪽파와 꿀, 후춧가루를 넣고 섞는다.

4
베이글 위에 쪽파 크림치즈를 듬뿍 올린 후 뚜껑을 덮는다.

tips

크림치즈는 실온에 잠깐 꺼내두어야 부드럽게 잘 섞인다. 크림치즈 대신 그릭요거트를 사용해도 좋다.
쪽파 대신 대파, 부추를 사용할 수 있고, 매운맛이 강하다면 면 보자기에 싸서 물에 씻어 물기를 꼭 짠 다음 사용하면 좋다.

part 2

오픈 샌드위치

해산물, 과일을 활용한 독특하고 다채로운 오픈 샌드위치 12가지를 소개합니다. 다양한 맛과 화려한 비주얼을 자랑하는 오픈 샌드위치는 피크닉, 브런치, 손님 접대용으로도 완벽합니다.

양송이 페퍼로니 피자

토르티야를 활용해 집에서도 손쉽게 만들 수 있는 간편한 피자 레시피입니다.
양송이와 페퍼로니의 조화로 바삭하고 풍미 깊은맛을 즐길 수 있어요.

재료 (2인분)

토르티야 (지름 15cm) 2장
양송이버섯 2개
페퍼로니 12장

토마토소스 3큰술
모차렐라치즈 150g
생 바질 10장

1
양송이버섯은 모양을 살려 얇게 저민다.

4
그 위에 양송이, 페퍼로니, 치즈를 올린다.

2
페퍼로니는 낱장으로 잘 떼어놓고 바질잎도 한 장 한 장 펼쳐 준비한다.

5
바닥이 두터운 팬에 올려놓고 뚜껑을 덮어 약불에서 5분 정도 굽는다.

3
토르티야를 넓은 접시나 도마 위에 펼쳐놓고 토마토소스를 고루 바른다.

6
치즈가 녹을 정도로 구워지면 꺼내서 뜨거울 때 바질잎을 얹는다.

tips
기호에 따라 꿀이나 핫소스를 찍어 먹어도 좋다.

문어 샐러드 샌드위치

스페인식 문어감자 샐러드 '뽈뽀'를 응용한 지중해풍 샌드위치입니다.
문어, 채소, 올리브오일이 어우러져 상큼하고 건강한 맛을 선사해요.

재료 (2인분)

깜빠뉴(작은 것) 1개
데친 문어 100g
감자 50g
양파 50g
노랑 파프리카 50g
방울토마토 5개
올리브 5개

문어 샐러드 드레싱 올리브오일 5큰술, 발사믹 식초 1큰술, 소금·후춧가루 약간

1 손질한 문어는 찬물에 넣고 살짝 데쳐서 식힌 후 깍둑썰기하고 물기를 닦아준다.

4 파프리카도 양파와 비슷한 크기로 자르고 방울토마토와 올리브는 4등분한다.

2 감자는 깍둑썰기해서 끓는 물에 삶아 소금과 후춧가루로 밑간한다.

5 준비한 재료를 합쳐 소금과 후춧가루로 밑간하고 올리브오일과 발사믹 식초를 섞어 재워둔다.

3 양파는 굵게 다져서 물기를 없앤다.

6 깜빠뉴를 1cm 정도의 두께로 썰어 팬이나 오븐에 구운 후 그 위에 문어 샐러드를 올린다.

tips
문어는 끓는 물에 데치면 질겨지기 쉽다. 찬물에 넣고 살짝 데친 후 찬물로 헹구어 식힌다

핀초스

작은 바게트 위에 재료를 올려 핀으로 고정하는 스페인식 핑거푸드예요.
조합에 따라 변형이 가능해 간단한 와인 안주나 핑거푸드로 활용됩니다.

재료 (2인분)

바게트(작은 것) 1개
칵테일 새우 8마리
메추리알(삶은 것) 8개
생연어 100g
아보카도 1/2개
프레시 모차렐라치즈 100g
하몽 8장
무화과 1/2개
방울토마토 4개
올리브 8개
작은 꼬치 여러 개

새우 밑간 버터 1큰술, 소금·후춧가루 조금씩
곁들임 소스 크림치즈 2큰술, 바질페스토 2큰술, 올리브오일 2큰술, 발사믹 식초 2큰술, 꿀 2큰술, 레몬 1/8개

1 바게트는 1cm 정도 두께로 썰어 준비한다.

4 연어와 모차렐라치즈는 두툼하게 한입 크기로 썬다. 아보카도는 같은 크기로 얇게 썰고, 하몽은 먹기 좋게 접어둔다.

2 칵테일 새우는 해동 후 팬에 버터를 두르고 소금, 후춧가루로 간해서 볶는다.

5 무화과는 4등분한다. 방울토마토와 올리브는 반으로 썰거나 통째로 준비한다.

3 삶은 메추리알은 반으로 썰거나 통째로 준비한다.

6 곁들임 소스를 만들어 바게트에 바르고 준비한 재료를 2~3개씩 조화롭게 올린 뒤 꼬치를 꽂는다.

tips
바질잎이나 로즈메리 등의 허브를 올리면 향도 좋고 멋스럽다.

감바스 샌드위치

파스타로 익숙한 감바스를 샌드위치로 색다르게 즐길 수 있는 브런치 메뉴입니다.
탱글한 새우의 식감과 감칠맛 나는 오일이 절묘한 균형을 이룹니다

재료 (2인분)

바게트(작은 것) 1개
칵테일 새우 10개
깐마늘 10개
올리브오일 100g
생 파슬리 2g
페페론치노 4개
버터 2큰술, 소금·후춧가루·레몬즙 조금씩

1 칵테일 새우는 해동해서 올리브오일 3큰술과 소금과 후춧가루로 밑간한다.

4 팬에 올리브오일과 버터를 두르고 마늘, 페페론치노를 볶다가 새우를 넣어 익힌다.

2 마늘은 저민다.

5 생 파슬리를 다져 넣고 레몬즙을 조금 뿌린다.

3 페페론치노는 종이타월에 놓고 부순다.

6 바게트를 어슷하게 썰어 팬이나 오븐에 구운 후 준비한 새우 감바스를 올린다.

tips

마늘과 페페론치노를 오일로 볶아 향을 낸 후 새우를 넣어 볶으면 더욱 깊은 맛이 난다.

프로슈토 멜론 샌드위치

달콤한 멜론과 짭조름한 프로슈토가 어우러진 세련된 단짠 조합입니다.
가벼운 와인 안주나 특별한 날의 브런치로도 잘 어울려요.

재료 (2인분)

깜빠뉴(자른 것) 2장
허니듀 멜론 100g
브리치즈 60g
프로슈토 80g
바질 5g
버터 2큰술
꿀 2큰술
적후추 조금

1
멜론은 껍질과 씨를 제거하고 얇게 썬다.

3
그 위에 프로슈토를 여러 장 올리고 꿀과 적후추를 조금 뿌린다.

2
팬에 버터를 두르고 깜빠뉴를 앞뒤로 노릇하게 굽다가 브리치즈를 올려 완전히 녹인다.

4
마지막에 바질잎으로 장식한다.

tips
허니듀 멜론 대신 머스크 멜론이나 캔털루프 멜론, 무화과, 배, 복숭아를 넣어도 좋다.

에그 베네딕트

잉글리시머핀 위에 수란과 홀랜다이즈소스를 올린 정통 브런치 메뉴입니다.
부드러운 질감과 고소한 풍미로 뉴욕식 아침을 연출할 수 있어요.

재료 (2인분)

잉글리시머핀 2개
달걀 2개
양배추 50g
슬라이스 햄 4장

피클 10g
슬라이스 체더치즈 2장
버터 2큰술
올리브오일 1큰술

홀랜다이즈소스

1 기름을 바른 국자에 달걀 하나를 깨서 넣고, 끓는 물에 익혀 수란을 만든다.

3 슬라이스 햄은 그대로 준비하고 피클은 썰어놓는다.

2 양배추는 채 썰어 올리브오일을 두른 팬에 살짝 볶는다.

4 구운 잉글리시머핀에 버터를 바르고 햄, 치즈, 볶은 양배추, 피클, 수란을 올린 뒤 홀랜다이즈소스를 뿌린다.

tips

기호에 따라 토마토, 베이컨, 시금치, 어린잎 채소 등을 추가해도 좋다.

홀랜다이즈소스 만들기

재료 | 달걀노른자 2개, 버터 100g, 소금·후춧가루 조금씩, 레몬즙 1½큰술

만드는 법
① 달걀노른자 2개를 풀어 거품을 낸다. ② 소금과 후춧가루 조금, 레몬즙 1½큰술을 넣고 섞어준다. ③ 중탕으로 녹인 버터를 조금씩 넣으면서 섞어 걸쭉하게 만든다. 이때 버터가 적당히 부드러운 상태가 되어야지 너무 묽거나 너무 빡빡하면 안 된다.

단감 샌드위치

비타민C가 풍부한 제철 단감을 활용한 상큼한 과일 샌드위치입니다.
아삭한 식감과 달콤한 맛이 조화를 이루는 계절감 있는 메뉴예요.

재료 (2인분)

깜빠뉴(작은 것) 1개
단감 1개
딜 2g
크림치즈 6큰술
적후추 조금

1 단감은 껍질을 벗겨 얇게 썬다.

3 깜빠뉴는 도톰하게 썰어서 팬이나 토스터에 굽는다.

2 딜은 적당히 잘라둔다.

4 깜빠뉴에 크림치즈를 넉넉히 바르고 단감을 올린다. 그 위에 적후추를 살짝 뿌리고 딜로 장식한다.

tips
크림치즈 대신 생크림을 발라도 맛있다.

무화과 샌드위치

성심당에서 판매를 시작해 큰 인기를 얻은 과일 샌드위치입니다.
유럽에서는 무화과를 오븐에 구워 빵과 곁들이기도 합니다.

재료 (2인분)

곡물빵 4장
무화과 1개
루콜라 5g

그릭요거트 100g
프로슈토 20g
꿀 2큰술

1
무화과는 길이로 4~6등분한다.

4
구운 곡물빵에 그릭요거트를 바른다.

2
루콜라는 먹기 편한 길이로 잘라둔다.

5
그 위에 프로슈토를 깔고 무화과를 올린 다음, 꿀을 조금 뿌리고 루콜라로 장식한다.

3
곡물빵은 잘라 팬이나 토스터에 구워 준비한다.

tips
기호에 따라 그릭요거트 대신 크림치즈를 발라도 좋다.

얼그레이 복숭아 샌드위치

복숭아의 산뜻한 맛에 얼그레이 향이 어우러진 세련된 맛입니다.
비타민이 풍부한 복숭아 덕분에 향긋하면서도 건강하게 즐길 수 있어요.

재료 (2인분)

식빵 2장
복숭아(황도) 1개
얼그레이 찻잎 1g

크림치즈 2큰술
꿀 1큰술

1
잘 익은 황도를 준비해 껍질을 조심스럽게 벗기고 얇게 썬다.

4
팬이나 토스터에 식빵을 살짝 구워 크림치즈를 바르고 꿀을 조금 뿌린다.

2
얼그레이 찻잎을 준비해 곱게 가루 낸다.

5
그 위에 복숭아를 올린다.

3
얼그레이 찻잎을 복숭아에 솔솔 뿌린다.

tips
복숭아가 제철이 아니라면 복숭아 통조림을 이용한다. 기호에 따라 그릭요거트 대신 크림치즈를 발라도 좋다.

당근라페 샌드위치

프랑스식 당근 샐러드 '라페'를 활용한 상큼하고 가벼운 샌드위치입니다.
식이섬유가 풍부해 다이어트 식단이나 건강한 한 끼로 잘 어울려요.

재료 (2인분)

곡물빵 4장
고다치즈 2장
그릭요거트 100g
소금 1작은술

당근라페 당근 200g, 올리브오일 3큰술, 레몬즙 1큰술, 설탕(꿀) 2큰술,
홀그레인 머스터드 1큰술, 소금·후춧가루 조금씩

1
당근은 가늘게 채 썬다.

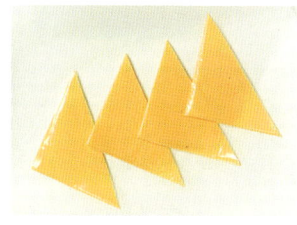

4
치즈는 삼각 모양으로 자른다.

2
채 썬 당근은 곱게 채 썰어 소금에 절이고 물기를 꼭 짠다.

5
토스터에 구운 곡물빵에 그릭요거트를 고루 바르고 그 위에 치즈, 당근라페를 듬뿍 얹어 먹는다.

3
②에 올리브오일, 레몬즙, 설탕, 홀그레인 머스터드, 소금, 후춧가루를 넣고 잘 섞이도록 버무려 냉장고에서 숙성한다.

tips
당근 대신 양배추로 만들어도 좋고, 넉넉히 만들어두고 샐러드처럼 이용해도 좋다.

과일 프렌치토스트

부드럽고 촉촉한 프렌치토스트 위에 신선한 과일을 듬뿍 올렸어요.
디저트로도 손색없고, 아이스크림을 곁들이면 더욱 풍성하게 즐길 수 있어요.

재료 (2인분)

식빵 2장
달걀 2개
우유 100mL
바나나 1개

그린키위 1개
골드키위 1개
블루베리 20g
버터 1큰술
슈거파우더 조금

1
달걀은 알끈을 제거하고 곱게 풀어 우유와 잘 섞는다.

4
팬을 살짝 달구어 버터를 녹인 후 달걀물에 적신 빵을 올려 앞뒤로 노릇이 굽는다.

2
①의 달걀물에 식빵을 담가 골고루 적신다.

5
완성된 프렌치토스트 위에 과일을 가지런히 얹는다.

3
바나나, 키위는 먹기 좋은 크기로 썰고 블루베리는 씻어 물기를 없앤다.

6
마지막에 슈거파우더를 조금 뿌린다.

tips

딸기를 얇게 썰어 올려도 좋다. 슈거파우더 대신 휘핑크림을 위에 올리기도 한다.

오이 샌드위치

전현무 레시피로 알려지며 화제를 모은 간단하고 담백한 샌드위치예요.
아삭한 오이와 부드러운 식빵의 조화로 상큼한 맛이 일품입니다.

재료 (2인분)

식빵 2장
오이 1개
크림치즈 4큰술
꿀 1큰술
레몬 조금
적후추 조금

1
오이는 소금으로 문질러 씻고 물에 깨끗이 헹군다.

4
식빵은 팬이나 토스터에 살짝 굽는다.

2
오이를 길이로 반 자른 뒤, 필러로 길고 얇게 포를 뜨듯이 떠낸다.

5
구운 식빵에 크림치즈를 바르고 오이를 올린 후 그 위에 꿀과 레몬즙, 적후추를 조금 뿌린다.

3
얇게 벗겨낸 오이를 소금에 살짝 절인 후 종이타월로 눌러가며 조심스럽게 물기를 제거한다.

tips

명란젓의 알만 발라낸 후 크림치즈와 섞어 스프레드를 만들어 빵에 발라 먹어도 좋다.

part 3

핫 샌드위치

재료를 볶거나 익혀서 다양한 소스로 맛을 낸 핫 샌드위치 12가지를 소개합니다. 따뜻한 재료와 바삭한 빵이 어우러져 속을 따뜻하고 든든하게 해주는 한 끼입니다.

케사디야

토르티야에 고기와 치즈를 넣고 구워 반으로 접어 먹는 멕시코의 대표 음식입니다.
토르티야 두 장 사이에 재료를 넣어 만드는 버전도 있어요.

재료 (2인분)

토르티야 (지름 15cm) 2장
다진 쇠고기 200g
소금·후춧가루 조금씩
올리브오일 3큰술

양파 100g
노랑·빨강 파프리카 50g씩
토마토소스 100g
모차렐라치즈 200g

살사소스 2큰술
사워크림 2큰술
레몬즙 조금

1
달군 팬에 올리브오일을 두르고 다진 쇠고기를 넣어 볶는다. 소금과 후춧가루로 간한다.

4
두꺼운 팬에 토르티야를 올리고 토마토소스를 바른다. 그 위에 볶은 고기와 ③의 소스를 올리고, 치즈를 뿌린다.

2
양파, 파프리카는 굵게 다진다.

5
토르티야 밑면이 노릇하게 구워지면 반 접어 약불에서 치즈가 녹도록 굽는다.

3
팬에 올리브오일을 두르고 다진 양파와 파프리카를 볶다가 토마토소스를 2/3가량 덜어 넣고 조린다.

6
치즈가 녹으면 접시에 담고 살사소스와 사워크림을 함께 내 찍어 먹는다. 소스에 레몬즙을 섞으면 더 맛있다.

tips

토르티야를 구울 때는 바닥이 두꺼운 팬을 사용한다. 토르티야 위에 재료를 모두 올리고 치즈가 잘 녹도록 뚜껑을 덮어준다.
쇠고기 대신 베이컨, 버섯, 치즈, 고추, 콩, 옥수수 등 다양한 재료를 마음껏 활용해도 좋다.

오징어 보카디요

빵 사이에 오징어튀김을 넣어 만든 샌드위치. 스페인어로 보카디요는 샌드위치를 뜻해요.
마드리드 광장의 유명 맛집 메뉴를 집에서 간편하게 즐길 수 있어요.

재료 (2인분)

바게트(작은 것) 2개
오징어(몸통) 2마리
양파 50g
그린·블랙 올리브 4개씩

튀김가루 2컵
물 1컵
레몬즙 조금
덧밀가루(튀김가루) 조금

포도씨유 3컵
소금·파슬리가루 조금씩
마요네즈 4큰술

1
오징어는 내장을 빼내고 깨끗이 손질한 뒤 링 모양으로 자른다.

4
튀김옷 입힌 오징어를 170~180℃ 정도로 끓는 기름에 노릇하게 튀겨 건진다. 뜨거울 때 소금과 파슬리를 뿌려준다.

2
양파는 링으로 얇게 썰어 찬물에 담가 매운맛을 빼고 물기를 없앤다. 올리브는 얇게 저민다.

5
바게트는 한쪽이 붙어있도록 반 가른 뒤 마요네즈를 바르고 속에 오징어튀김과 양파링, 올리브를 채워넣는다.

3
튀김가루와 물, 레몬즙을 섞어 튀김반죽을 만든다. 오징어에 덧밀가루를 묻혀 털어낸 후 반죽에 담갔다가 건진다.

tips
오징어에 덧밀가루를 묻혀야 튀김옷이 흘러내리지 않고 잘 입혀진다.

피시버거

흰살생선과 타르타르소스가 조화를 이루는 샌드위치입니다.
해외 맥도날드 '필레오피시' 메뉴와 비슷한 맛을 집에서 만나보세요.

재료 (2인분)

햄버거 번 2개
생선살(흰살생선) 200g
소금·후춧가루 조금씩
밀가루 5큰술
달걀 2개
빵가루 5큰술

포도씨유 3컵
토마토 1/2개
양상추 4장
슬라이스 체더치즈 2장
버터 30g
마요네즈 2큰술

타르타르소스 마요네즈 1/2컵, 삶은 달걀흰자 1개, 양파 10g, 피클 5g, 파슬리가루 조금

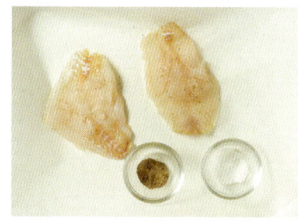

1
생선살은 빵에 들어가기 적당한 크기의 포 뜬 것을 준비해 종이타월로 물기를 없애고 소금과 후춧가루로 밑간한다.

4
달걀흰자, 양파, 피클을 곱게 다진 후 마요네즈와 파슬리가루를 섞어 타르타르소스를 만든다.

2
생선살에 밀가루를 묻혀 털어낸 뒤 달걀물에 담갔다가 빵가루를 입혀 끓는 기름에 노릇하게 튀긴다.

5
달군 팬에 버터를 두르고 햄버거 번을 굽는다.

3
토마토는 얇게 썰어 종이타월로 물기를 닦아준다. 양상추는 큰 잎으로 준비해 물에 씻고 물기를 충분히 뺀다.

6
빵에 마요네즈를 바르고 양상추와 생선튀김을 올린 후 타르타르소스를 펴바른다. 그 위에 치즈, 토마토를 올리고 뚜껑을 덮는다.

tips
생선살이 얇다면 여러 장을 겹쳐서 밀가루, 달걀물을 입혀 튀기면 좋다.
할라피뇨, 고추냉이 소스도 잘 어울린다.

슬로피조

다진 고기와 토마토소스를 주재료로 한 미국의 대표적인 햄버거입니다.
단단한 패티와는 다른 뭉근한 소스와 고기의 풍미를 즐길 수 있어요.

재료 (2인분)

햄버거 번 2개
다진 쇠고기 300g
소금·후춧가루 조금씩
올리브오일 2큰술

양파 100g
청피망 또는 홍피망 50g
토마토케첩 1/2컵
머스터드 1큰술

우스터소스 1작은술
설탕 1작은술
토마토소스 200g

1
양파와 피망은 적당히 다진다. 너무 곱게 다지지 않아도 된다.

4
토마토소스를 넣고 잘 어우러지도록 저어가며 볶는다. 주르륵 흐르지 않으면 불을 끈다.

2
달군 팬에 올리브오일을 두르고 밑간한 쇠고기를 볶는다.

5
햄버거 번에 치즈 한 장을 깔고 그 위에 슬로피조를 푸짐하게 올린 후 뚜껑을 덮는다.

3
고기가 익으면 다진 양파와 피망을 넣고 토마토케첩, 머스터드, 우스터소스, 설탕을 넣어 충분히 볶는다.

tips
이탈리아나 멕시코식소스 볶음에는 보통 피망을 사용하는데, 파프리카로 대체해도 된다.

루벤 샌드위치

쇠고기로 만든 햄인 파스트라미와 사워크라우트가 들어가 깊은 맛이 나요.
스타벅스에서도 판매한 적 있는 특별한 메뉴입니다.

재료 (2인분)

깜빠뉴(자른 것) 4장
파스트라미 50g
에멘탈치즈 8장
사워크라우트 80g
버터 2큰술
마요네즈 4큰술

1
깜빠뉴는 도톰하게 썰어서 팬이나 토스터에 굽는다.

4
다른 깜빠뉴 한 장에 마요네즈를 바르고 사워크라우트, 에멘탈치즈를 올려 치즈가 녹을 때까지 오븐에서 굽는다.

2
깜빠뉴가 뜨거울 때 버터를 바른다.

5
③의 파스트라미 올린 것과 ④의 치즈 올린 것을 마주 보게 겹쳐서 완성한다.

3
깜빠뉴 한 장에 파스트라미를 올려 오븐에 살짝 굽는다.

tips

파스트라미는 170℃의 오븐에 5분 정도 구우면 적당하다. 오븐이 없다면 에어프라이어를 사용한다.

타코 샌드위치

토르티야에 다양한 재료를 싸서 즐기는 멕시코식 샌드위치입니다.
풍부한 채소와 향신료가 어우러져 다채로운 맛을 경험할 수 있어요.

재료 (2인분)

토르티야(지름 15cm) 2장
양파 50g
토마토 1개
노랑·빨강 파프리카 50g씩

다진 쇠고기 100g
타코시즈닝·후춧가루 조금씩
올리브오일 2큰술

체더치즈(덩어리) 10g
사워크림 5큰술
고수 조금

1 양파는 다져서 찬물에 담가 매운맛을 뺀 뒤 물기를 없앤다. 토마토와 파프리카는 잘게 깍뚝썰기한다.

3 덩어리로 된 체더치즈를 준비해 치즈 그라인더나 채칼로 갈아놓는다.

2 팬에 올리브오일을 두르고 다진 쇠고기를 넣어 볶다가 타코시즈닝으로 간한다.

4 토르티야 위에 고기, 양파, 토마토, 파프리카를 올리고 치즈와 사워크림을 뿌린다. 중간중간 고수를 올리고 토르티야를 감싼다.

tips

쇠고기 대신 돼지고기, 닭고기, 새우, 볶은 두부를 넣어도 좋고, 아보카도, 할라피뇨, 피클, 양상추, 양파를 썰어 넣기도 한다.
소스는 사워크림, 치즈 소스, 살사소스, 레몬, 라임을 곁들인다.

길거리 샌드위치

기억 속 아침 출근길, 등굣길을 떠올리게 하는 추억의 길거리 샌드위치입니다.
달콤 짭짤하고 기름진 맛이 특징으로, 집에서도 간편하게 재현할 수 있어요.

재료 (2인분)

식빵 4장
양배추 100g
당근 20g
버터 30g

달걀 1개
슬라이스 체더치즈 2장
슬라이스 햄 2장

토마토케첩 2큰술
설탕 2작은술
소금 조금

1
달군 팬에 버터를 두르고 식빵을 바삭하고 노릇하게 굽는다.

4
달군 팬에 버터를 두르고 ③의 달걀물을 부어 식빵 크기로 도톰하게 부친다.

2
양배추와 당근은 곱게 채 썬다.

5
식빵에 슬라이스 치즈와 햄, 달걀부침을 올리고 설탕과 토마토케첩을 뿌린 후 식빵을 덮는다.

3
달걀을 곱게 풀어 소금으로 간한 뒤 채 썬 양배추와 당근을 넣어 섞는다.

tips
샌드위치를 일회용 종이컵에 담으면 먹기에 편리하다.

프렌치 어니언치즈 샌드위치

양파와 치즈를 갈색이 나도록 볶아서 만든 샌드위치입니다.
치즈가 촉촉하게 녹아내려 더욱 고소하고 깊은 풍미를 느낄 수 있어요.

재료 (2인분)

깜빠뉴(자른 것) 4장
양파(큰 것) 1개
그뤼에르치즈 100g
화이트와인 1큰술
버터 4큰술
소금 조금

1 양파는 곱게 채 썬다.

4 깜빠뉴 한 장에 ③의 양파치즈볶음 절반을 올리고, 다른 깜빠뉴 한 장으로 뚜껑을 덮어 살짝 누른다.

2 달군 팬에 버터 2큰술을 녹인 후 채 썬 양파를 볶는다. 소금으로 간하고 갈색이 나도록 20분 정도 볶는다.

5 팬에 버터 1큰술을 녹인 후 ④를 올려 갈색이 될 때까지 약불로 굽는다.

3 그뤼에즈치즈를 넣고 치즈가 녹아 어우러지도록 볶다가 화이트와인으로 맛을 더한다.

6 버터 1큰술을 더 넣고 샌드위치를 뒤집은 후 눌러서 치즈가 완전히 녹을 때까지 약불로 3~4분간 천천히 굽는다.

에그인홀

동그란 빵 속에 신선한 달걀이 들어 있는 독특한 비주얼이 매력적이죠.
부드러운 달걀과 고소한 치즈, 햄의 조화가 맛을 더욱 풍부하게 해요.

재료 (2인분)

식빵 4장
달걀 2개
슬라이스 체더치즈 2장
슬라이스 햄 2장

버터 2큰술
마요네즈 2큰술
올리브오일 2큰술
소금·파슬리가루 조금씩

1 달군 팬에 버터를 두르고 식빵을 앞뒤로 노릇하게 굽는다.

4 달군 팬의 불을 줄이고 오일을 두른 뒤 ③의 식빵을 올리고 구멍에 달걀을 깨뜨려 넣는다. 소금으로 간한다.

2 구운 식빵 한 장에 마요네즈를 바르고 슬라이스 햄과 치즈를 얹는다.

5 뚜껑을 덮어 약불로 뜸 들이듯 달걀을 익힌다.

3 또 다른 식빵 한 장은 컵으로 동그랗게 구멍을 낸다.

6 햄과 치즈를 얹은 식빵에 ⑤를 올리고 파슬리가루를 조금 뿌린다.

tips
기호에 따라 딸기잼을 찍어 먹어도 좋다.

가지호박 파니니

프랑스 전통 가정식인 라따뚜이를 떠오르게 하는 구운 채소 파니니입니다.
촉촉하게 흘러내린 치즈와 선명한 그릴 자국이 입맛을 더욱 자극해요.

재료 (2인분)

치아바타 2개
가지 1/2개
애호박 1/3개
적양파 50g
토마토 1개

슬라이스 모차렐라치즈 4장
슈레드 모차렐라치즈 50g
슬라이스 햄 4장
바질 5g

버터 2큰술
올리브오일 2큰술
소금·후춧가루 조금씩

1 가지와 애호박은 소금, 어슷하게 썰어 소금, 후춧가루를 뿌려둔다.

4 치아바타를 반 갈라 버터를 조금 바른다.

2 달군 팬에 올리브오일을 두르고 가지와 애호박을 굽는다.

5 반 가른 치아바타에 가지, 애호박, 햄, 치즈, 바질을 얹는다.

3 토마토와 적양파는 링 모양으로 잘라 종이타월로 눌러 물기를 없앤다.

6 파니니 그릴에 오일을 바르고 ⑤를 올린 후 다른 한 쪽의 치아바타로 뚜껑을 덮어 치즈가 녹을 때까지 굽는다.

tips
치즈는 잘 녹는 에멘탈을 추가해도 좋고, 버섯이나 파프리카 등 다른 채소를 응용해도 된다.

반미 샌드위치

달콤 짭짤한 돼지고기와 새콤한 채소 절임이 들어간 샌드위치.
'반미'는 베트남어로 '빵'이라는 뜻으로, 바게트를 사용해서 만드는 게 특징이죠.

재료 (2인분)

바게트(작은 것) 2개
돼지고기(불고깃감) 200g
무 100g
당근 50g

마요네즈 2큰술
스리라차소스 2큰술
식용유 조금
고수 조금

단촛물 설탕·식초 2큰술씩, 물 1/2컵, 소금 1/2 작은술, 피시소스 1작은술
돼지고기 양념 간장·청주 1큰술씩, 설탕 1/2큰술, 다진 마늘·다진 생강 1/2작은술씩, 후춧가루 조금

1 바게트는 한쪽이 붙어있도록 반 가른 뒤 마요네즈를 얇게 펴 바른다.

4 팬에 식용유를 두르고 밑간한 돼지고기를 볶는다.

2 무와 당근은 가늘게 채 썰어 단촛물에 절여서 물기를 꼭 짠다.

5 반 가른 바게트에 무당근 초절임과 돼지고기 볶음을 넣고 스리라차 소스를 뿌린다. 기호에 따라 고수를 올린다.

3 돼지고기는 불고깃감으로 준비해 간장양념으로 밑간한다.

tips

단촛물을 만들 때는 재료를 분량대로 넣고 설탕, 소금이 녹도록 잘 섞어서 사용한다.
땅콩버터로 고소한 맛을, 칠리소스로 단맛을 더해도 좋다.

불고기 베이크

필라델피아의 명물인 짐스 필리 버거 스타일로 만든 샌드위치.
불고기 양념에 단맛을 가미하면 코스트코식 불고기 베이크가 됩니다.

재료 (2인분)

바게트(작은 것) 2개
쇠고기(불고깃감) 200g
빨강 파프리카 50g
모차렐라치즈 100g

소금·후춧가루 조금씩
마요네즈 2큰술
식용유 조금

1
바게트는 한쪽이 붙어있도록 반 가른 뒤 마요네즈를 얇게 펴 바른다.

4
식용유 두른 팬에 밑간한 쇠고기를 볶다가 양파와 파프리카를 넣고 함께 볶는다.

2
쇠고기는 소금·후춧가루로 밑간한다.

5
④에 모차렐라치즈를 듬뿍 넣고 치즈가 녹을 때까지 볶다가 마지막에 후춧가루로 간한다.

3
양파와 파프리카는 가늘게 채 썬다.

6
반 가른 바게트 속에 불고기 베이크를 채워 넣는다.

tips
바게트 대신 핫도그 번을 사용해도 된다.
기호에 따라 다진 피클이나 핫소스를 더해도 좋다.

part 4

스페셜 샌드위치

독특한 재료와 개성 있는 조리법으로 새로운 맛을 경험할 수 있는 샌드위치 12가지를 소개합니다. 후무스, 아몬드 페스토 등 이국적인 재료들이 어우러져 특별한 맛을 선사합니다.

Vegan

두부 스프레드 베이글

건강과 맛을 동시에 챙길 수 있는 이색 샌드위치입니다.
두부 스프레드는 비스킷에 발라 카나페로 만들면 와인과도 무척 잘 어울려요.

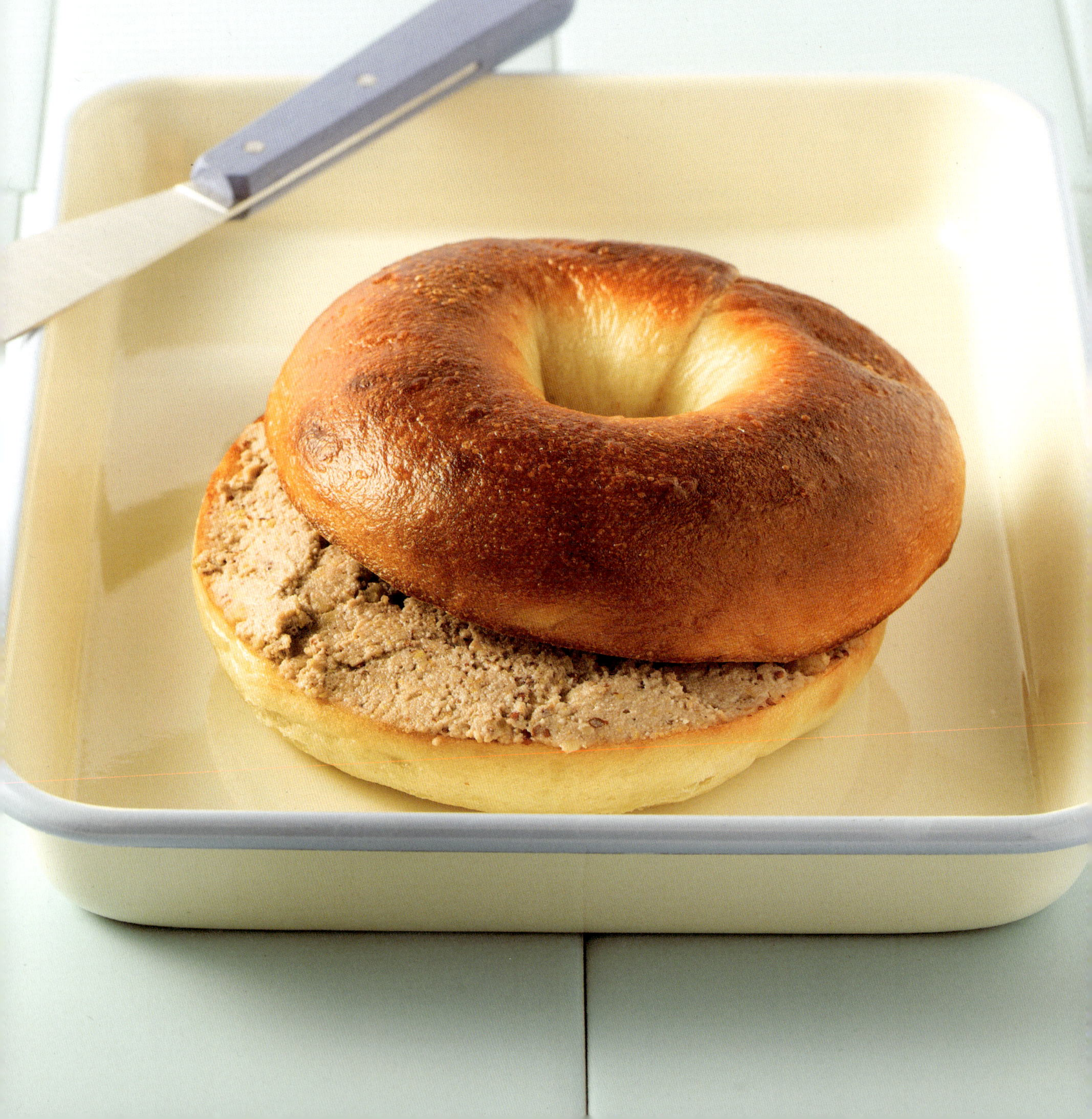

재료 (2인분)

베이글 2개

두부 스프레드 두부 150g(1/2모), 호두 50g, 땅콩버터·꿀·레몬즙 1큰술씩, 홀그레인 머스터드 1/2큰술, 올리브오일 2큰술, 소금 1작은술

1 두부는 큼직하게 썰어 전자레인지에 1분 정도 돌린다.

3 블렌더에 두부와 나머지 재료를 넣고 되직해질 때까지 갈아 두부 스프레드를 만든다.

2 물이 나오면 따라내고 종이타월로 눌러 물기를 없앤다.

4 베이글을 반 갈라 팬이나 오븐에 구운 후 두부 스프레드를 바른다.

tips

좋아하는 잼을 넣어 단맛과 색을 내도 좋다.
사과, 바나나, 오이, 아보카도를 얹어 건강식으로 먹으면 좋다.

엘비스 샌드위치

엘비스 프레슬리가 즐겨 먹던 것으로 유명한 샌드위치죠.
땅콩버터와 바나나, 베이컨이 어우러져 묵직하면서도 감칠맛이 나요.

재료 (2인분)

식빵 4장 땅콩버터 8큰술
바나나 3개 버터 2큰술
베이컨 8장

1 바나나는 껍질을 벗겨 통째로 반 가른다.

4 식빵에 땅콩버터를 듬뿍 바른다.

2 베이컨은 팬에 바짝 굽는다.

5 반 가른 바나나를 크기에 맞게 잘라 올린다.

3 달군 팬에 버터를 두르고 식빵을 앞뒤로 노릇하게 굽는다.

6 그 위에 구운 베이컨을 올리고 땅콩버터를 듬뿍 바른 식빵으로 덮는다.

우엉 샌드위치

참깨마요 소스의 고소한 맛과 향이 어우러진 샌드위치입니다.
아작하게 씹히는 우엉의 질감이 느껴져 더욱 매력적이에요.

재료 (2인분)

치아바타 2개
우엉 150g
소금·식초 조금씩
올리브오일 1큰술

당근 50g
양파 50g
아스파라거스 5개
로메인 4장
마요네즈 4큰술

우엉조림 소스 간장 2큰술, 설탕 2큰술, 물 1컵
참깨마요 소스 통깨 1/3컵, 마요네즈 2/3컵, 홀그레인 머스터드 2큰술, 꿀 1큰술

1
껍질 벗긴 우엉은 5cm 길이로 가늘게 채 썰어 식촛물에 담가 아린맛을 뺀다.

4
통깨는 분쇄기에 갈아 마요네즈, 홀그레인 머스터드, 꿀과 섞어 참깨마요 소스를 만든다.

2
간장, 설탕, 물을 섞어 우엉조림 소스를 만들어 우엉을 조린다.

5
모든 재료를 한데 넣고 참깨마요 소스로 버무려 우엉 샐러드를 만든다.

3
당근과 양파는 채 썰고 아스파라거스는 어슷하게 썬다. 양파는 찬물에 담가 매운맛을 뺀다.

6
치아바타를 반 갈라 마요네즈를 바른다. 그 위에 로메인을 깔고 우엉 샐러드를 올린다.

후무스 샌드위치

비타민, 단백질, 식이섬유가 풍부한 병아리콩을 활용한 레시피입니다.
중동 지역에서 즐겨 먹는 후무스는 콜레스테롤을 내려주는 저칼로리 음식입니다.

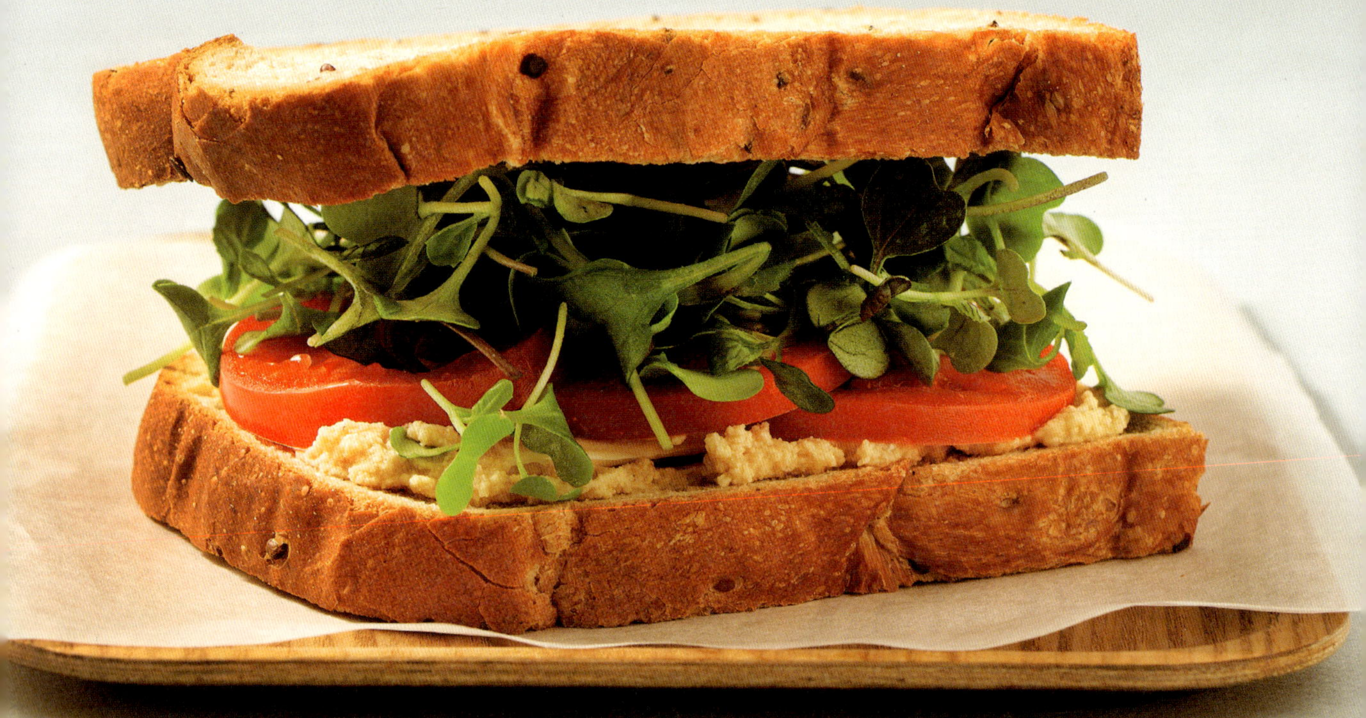

재료 (2인분)

곡물빵 4장
토마토 1개
병아리콩 2큰술
후무스 4큰술
비건치즈 2장
어린잎 채소 50g

1 토마토는 얇게 슬라이스해서 종이타월로 물기를 없앤다.

3 곡물빵은 토스터에 살짝 구워 후무스를 듬뿍 바른다.

2 병아리콩은 삶아서 체에 밭친다.

4 ③의 빵에 치즈, 토마토, 삶은 병아리콩, 어린잎 채소를 올리고 후무스를 바른 다른 곡물빵을 덮는다.

후무스 만들기

재료 | 병아리콩 2컵, 통깨 2큰술, 레몬즙 2큰술, 꿀 1큰술, 마늘 3쪽, 소금 1작은술, 올리브오일 5큰술, 후춧가루 조금

만드는 법
① 병아리콩은 하룻밤 충분히 불린 후 30분 이상 푹 삶는다. ② 삶은 병아리콩에 통깨, 레몬즙, 꿀, 마늘, 소금, 올리브오일을 넣고 블렌더로 간다. 마지막에 후춧가루를 더한다.

터널 샌드위치

속을 파낸 바게트에 크림처럼 부드러운 감자샐러드를 채워 넣은 샌드위치입니다.
긴 터널 모양과 푸짐한 내용물로 식탁에 내놓았을 때 인기가 좋아요.

재료 (2인분)

바게트(큰 것) 1개
감자 2개
당근 50g
양파 50g
오이 1/2개

슬라이스 햄 30g
마요네즈 1컵
머스터드 1큰술
설탕 1큰술

소금·후춧가루 조금씩

1
껍질을 벗긴 감자와 당근은 적당한 크기로 잘라 전자레인지에 12분 정도 돌려 익힌다.

4
감자와 당근을 한데 넣고 매셔로 으깨어 설탕, 소금, 후춧가루로 간한다.

2
바게트는 조심스럽게 속을 판다. 파낸 바게트 속은 감자샐러드에 넣을 것이니 따로 보관한다.

5
④에 파낸 바게트 속과 마요네즈를 넣고 잘 어우러지도록 섞어 감자샐러드를 만든다.

3
양파는 곱게 다져 찬물에 담가 매운맛을 뺀다. 오이는 곱게 채 썰어 소금에 절인 뒤 물기를 꼭 짠다. 햄은 곱게 다진다.

6
속을 파낸 바게트에 감자샐러드를 꼭꼭 눌러가며 넣어 속을 꽉 채운다.

tips
감자와 당근을 끓는 물에 삶아서 으깨도 된다.

바질 토마토 베이글

은은하게 퍼지는 바질페스토와 달콤한 썬드라이 토마토의 맛이 일품이에요.
쫀득한 베이글에 크림치즈를 넉넉하게 올려 부드러운 맛을 즐길 수 있어요.

재료 (2인분)

베이글 2개
크림치즈 190g
썬드라이 토마토 30g
바질페스토 2큰술
레몬즙 조금

1 베이글은 옆으로 반 갈라 토스터에 굽는다.

3 크림치즈에 다진 썬드라이 토마토와 레몬즙을 넣고 고루 섞는다.

2 썬드라이 토마토는 물기를 제거하고 잘게 다진다.

4 베이글에 바질페스토를 바르고 ③의 스프레드를 듬뿍 올린다.

바질페스토 만들기

재료 | 바질 100g, 잣 50g, 마늘 3쪽, 파르메산치즈 가루 2큰술, 올리브오일 1컵, 레몬즙 1작은술, 소금 조금

만드는 법
① 바질은 흐르는 물에 깨끗이 씻은 후 종이타월에 올려 물기를 없앤다. 잣은 마른 팬에 살짝 볶는다. ② 블렌더에 바질, 잣, 마늘, 파르메산 치즈 가루, 레몬즙을 넣고 올리브오일을 조금씩 넣으며 간다. ③ 밀폐 용기에 담고 그 위에 올리브오일을 추가로 부어 밀봉해서 보관한다. 사용하기 직전에 소금으로 간한다.

PB & J 샌드위치

미국 드라마에 자주 나오는 미국 학생들의 국민 간식이자 점심 메뉴예요.
'피넛버터 앤드 젤리 샌드위치'를 줄인 말로, 딸기잼 같은 부드러운 잼을 가리킨답니다.

재료 (2인분)

식빵 4장 땅콩버터 4큰술
사과 1개 포도잼 4큰술

1
사과는 껍질째 깨끗이 씻어 반 잘라 속을 도려내고 얇게 썬다.

3
나머지 식빵 2장에는 포도잼을 넉넉히 바른다.

2
식빵 2장에는 땅콩버터를 넉넉히 바른다.

4
땅콩버터를 바른 식빵에 얇게 썬 사과를 올리고 그 위에 포도잼 바른 식빵을 올려 덮는다.

tips
팬이나 그릴에 버터를 두르고 구워 핫 샌드위치로 즐겨도 좋다. 버터를 발라 구우면 풍미가 더 좋다.

아이돌 샌드위치

아이돌들이 즐겨 먹는다고 해서 팬들 사이에서 큰 화제를 일으킨 샌드위치예요.
달걀 샐러드, 딸기잼, 양배추 샐러드의 조합이 중독성 있는 맛을 제공합니다.

재료 (2인분)

식빵 8장
딸기잼 4큰술

달걀 샐러드 달걀 4개, 양파 20g, 마요네즈 3큰술, 머스터드 1큰술
양배추 샐러드 양배추 50g, 양파 20g, 피클랠리시 10g, 맛살 10g, 마요네즈 3큰술, 토마토케첩 1작은술

1
양배추, 맛살은 곱게 다진다. 양파는 다져서 찬물에 담가 매운맛을 뺀 뒤 물기를 없앤다.

3
남은 1/2의 양파와 양배추, 맛살, 피클랠리시, 마요네즈, 토마토케첩을 섞어 양배추 샐러드를 만든다.

2
달걀은 완숙으로 삶은 후 마요네즈, 머스터드와 양파 1/2을 넣고 섞어 달걀 샐러드를 만든다.

4
식빵 사이에 달걀 샐러드, 딸기잼, 양배추 샐러드 순서로 넉넉히 스프레드해 완성한다.

tips
달걀 샐러드나 감자 샐러드 등을 스프레드해서 샌드위치를 만들 때 보통은 빵을 굽지 않고 촉촉한 맛을 즐긴다.

언위치

빵이 없다는 뜻의 '언위치(Unwich)'는 양상추 등의 채소로 감싼 건강한 샌드위치입니다. 샐러드처럼 신선하고 상쾌한 맛으로 다이어트 식단에 최적화된 메뉴입니다.

재료 (2인분)

양상추 1통
토마토 1개
적양파 80g
달걀 2개

당근 160g
슬라이스 체더치즈 4장
올리브오일 2큰술
소금 조금

오리엔탈소스 올리브오일 3큰술, 간장 1작은술, 홀그레인 머스터드 1큰술, 꿀 1큰술

1 양상추는 흐르는 물에 한 장 한 장 씻어 물기를 턴다.

4 달걀은 프라이한다.

2 토마토는 얇게 썰어 종이타월로 물기를 없앤다.

5 당근은 곱게 채 썰어 올리브오일을 두른 팬에 소금간해서 살짝 볶는다.

3 적양파는 링으로 얇게 썰어 찬물에 담갔다가 매운맛을 빼고 물기를 없앤다.

6 매직 랩을 깔고 양상추, 당근, 달걀프라이, 치즈, 토마토, 양파, 양상추 순으로 쌓아 매직 랩을 단단하게 감싼다.

tips

매직 랩의 끈적이는 부분이 바닥으로 가게 깔고 재료를 순서대로 쌓은 후 매직 랩을 두 번 정도 돌려 단단하게 감싼다.

아몬드페스토 샌드위치

고소한 아몬드페스토와 절인 채소의 깊은 감칠맛이 잘 어우러진 샌드위치입니다.
은은한 단맛을 가진 아몬드버터는 유가공 버터와는 다른 특유의 풍미가 있어요.

재료 (2인분)

치아바타 2개
양배추 70g
당근 100g
소금 조금

하몽 8장
사과 1개
아몬드버터 4큰술

마요네즈 4큰술
레몬즙 조금

1 당근과 양배추는 곱게 채 썰어 소금에 살짝 절인 뒤 물기를 꼭 짠다.

3 채 썬 당근과 양배추를 합친 후 마요네즈와 레몬즙을 넣고 고루 버무린다.

2 사과는 껍질째 깨끗이 씻어 반 잘라 속을 도려내고 얇게 썬다.

4 치아바타에 아몬드버터를 바른 후, 당근 양배추 샐러드를 올리고 위에 하몽과 사과를 얹는다.

tips

시판 아몬드버터를 사용하는 대신 직접 만들어도 된다. 넉넉히 만들어 냉장보관했다가 필요할 때마다 덜어 쓴다.

아몬드버터 만드는 법

재료 | 구운 아몬드 300g, 소금 조금, 꿀 1큰술, 코코넛오일 1큰술
만드는 법
① 아몬드를 푸드 푸로세서에 곱게 간다. ② 나머지 재료를 넣고 잘 섞는다.

샐러드 포켓 샌드위치

지중해와 중동 지역의 담백한 식사 빵인 피타브레드를 사용한 샌드위치입니다.
납작한 주머니 형태의 빵 안에 다양한 속재료를 넣어 활용하기 좋습니다.

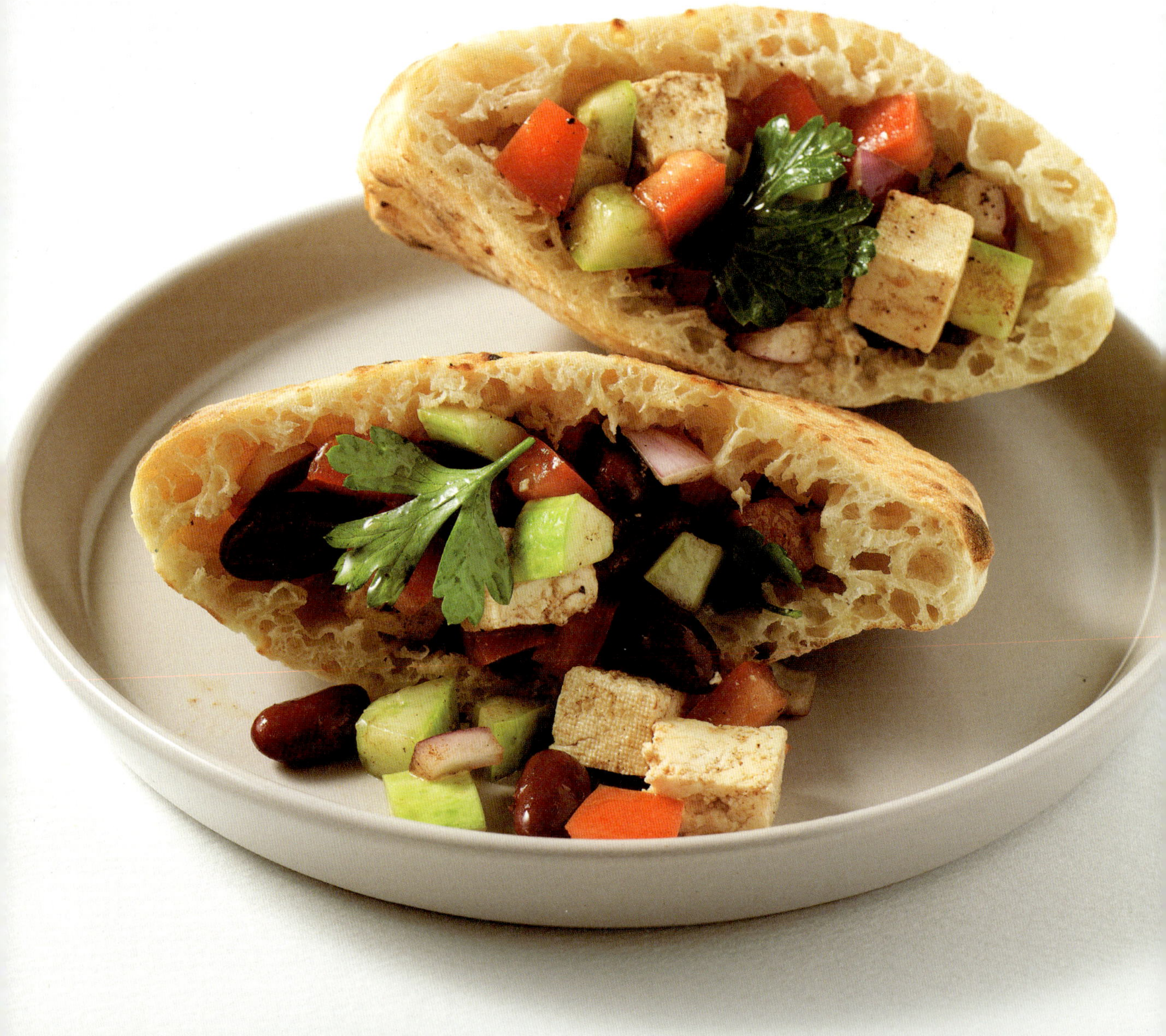

재료 (2인분)

피타브레드 2개
강낭콩 150g
적양파 50g

토마토 50g
오이 1/2개
두부 150g

샐러드드레싱 올리브오일 6큰술, 발사믹 식초 2큰술, 레몬즙 2큰술, 소금·후춧가루 조금씩

1 피타브레드는 팬이나 오븐에 노릇하게 구워 반 자른다.

3 강낭콩은 삶아서 체에 밭쳐 물기를 뺀다.

2 오이, 적양파, 토마토, 두부는 1cm 정도의 주사위 모양으로 썬다.

4 준비한 재료에 드레싱 재료를 모두 넣고 섞어 샐러드를 만든 후 피타브레드에 채워 넣는다.

tips

강낭콩을 삶아서 쓰는 대신 통조림 강낭콩을 이용하면 편리하다. 마른 강낭콩을 사용할 경우에는 물에 충분히 불려서 삶는다.

템페 샌드위치

인도네시아 전통 식품인 템페는 식물성 단백질이 풍부해 비건 식단에 잘 어울리죠.
고소하고 쫄깃한 식감이 담백한 재료와 어우러져 건강한 맛을 완성합니다.

재료 (2인분)

깜빠뉴(자른 것) 4장
템페 100g
소금·후춧가루 조금씩
올리브오일 3큰술

로메인 2장
토마토 1/2개
아보카도 1개
소이 마요네즈 4큰술

1 템페는 실온에서 해동해 얇게 썬 뒤 올리브오일에 소금, 후춧가루로 간해 굽는다.

4 잘 숙성된 아보카도는 반 갈라 씨를 빼고 껍질을 벗겨 얇게 썬다.

2 로메인은 흐르는 물에 씻어 물기를 없앤다.

5 깜빠뉴를 팬이나 토스터에 구워 소이 마요네즈를 고루 바른다.

3 토마토는 얇게 썰고 종이타월로 물기를 없앤다.

6 로메인을 밑에 깔고 그 위에 템페, 토마토, 아보카도를 올린 후 빵을 덮는다.

tips

소이 마요네즈는 달걀노른자 대신 콩이 들어간 대표적인 비건 마요네즈다. 아보카도 마요나 캐슈넛 마요를 사용해도 된다. 기호에 따라 오이, 양배추, 양파, 비건치즈를 넣거나 스리라차소스를 뿌려 맛을 내도 좋다.

리스컴이 펴낸 책들

• 요리

그대로 따라 하면 엄마가 해주시던 바로 그 맛
한복선의 엄마의 밥상

일상 반찬, 찌개와 국, 별미 요리, 한 그릇 요리, 김치 등 웬만한 요리 레시피는 다 들어있어 기본 요리 실력 다지기부터 매일 밥상 차리기까지 이 책 한 권이면 충분하다. 누구나 그대로 따라 하기만 하면 엄마가 해주시던 바로 그 맛을 낼 수 있다.

한복선 지음 | 312쪽 | 188×245mm | 16,800원

하루 한 그릇 면역 습관
암도 이기는 장수 수프

1천 명의 암 환자를 치료한 명의가 다년간의 연구를 바탕으로 만든 항암 식사 가이드로, 항암 식품 10가지와 이를 활용한 100개의 수프 레시피와 비법을 담았다. 암 예방은 물론, 질병 예방과 건강한 장수까지 지킬 수 있는 최고의 선택이 될 것이다.

사토 노리히로 지음 | 168쪽 | 150×205mm | 18,000원

대한민국 대표 요리선생님에게 배우는 요리 기본기
한복선의 요리 백과 338

칼 다루기부터 썰기, 계량하기, 재료를 손질·보관하는 요령까지 요리의 기본을 확실히 잡아주고 국·찌개·구이·조림·나물 등 다양한 조리법으로 맛 내는 비법을 알려준다. 매일 반찬 부터 별식까지 웬만한 요리는 다 들어있어 맛있는 집밥을 즐길 수 있다.

한복선 지음 | 352쪽 | 188×254mm | 22,000원

만약에 달걀이 없었더라면 무엇으로 식탁을 차릴까
오늘도 달걀

값싸고 영양 많은 완전식품 달걀을 더 맛있게 즐길 수 있는 달걀 요리 레시피북. 가벼운 한 끼부터 든든한 별식, 밥반찬, 간식과 디저트, 음료까지 맛있는 달걀 요리 63가지를 담았다. 레시피가 간단하고 기본 조리법과 소스 등도 알려줘 누구나 쉽게 만들 수 있다.

손성희 지음 | 136쪽 | 188×245mm | 14,000원

맛있는 밥을 간편하게 즐기고 싶다면
뚝딱 한 그릇, 밥

덮밥, 볶음밥, 비빔밥, 솥밥 등 별다른 반찬 없이도 맛있게 먹을 수 있는 한 그릇 밥 76가지를 소개한다. 한식부터 외국 음식까지 메뉴가 풍성해 혼밥과 별식, 도시락으로 다양하게 즐길 수 있다. 레시피가 쉽고, 밥 짓기 등 기본 조리법과 알찬 정보도 가득하다.

장연정 지음 | 216쪽 | 188×245mm | 16,800원

술자리를 빛내주는 센스 만점 레시피
술에는 안주

술맛과 분위기를 최고로 끌어주는 64가지 안주를 술자리 상황별로 소개했다. 누구나 좋아하는 인기 술안주, 부담 없이 즐기기에 좋은 가벼운 안주, 식사를 겸할 수 있는 든든한 안주, 홈파티 분위기를 살려주는 폼나는 안주, 굽기만 하면 되는 초간단 안주 등 5개 파트로 나누었다.

장연정 지음 | 152쪽 | 151×205mm | 13,000원

입맛 없을 때 간단하고 맛있는 한 끼
뚝딱 한 그릇, 국수

비빔국수, 국물국수, 볶음국수 등 입맛 살리는 국수 63가지를 담았다. 김치비빔국수, 칼국수 등 누구나 좋아하는 우리 국수부터 파스타, 미고렝 등 색다른 외국 국수까지 메뉴가 다양하다. 국수 삶기, 국물 내기 등 기본 조리법과 함께 먹으면 맛있는 밑반찬도 알려준다.

장연정 지음 | 200쪽 | 188×245mm | 16,800원

더 오래, 더 맛있게 홈메이드 저장식 60
피클 장아찌 병조림

맛있고 건강한 홈메이드 저장식을 알려주는 레시피북. 기본 피클, 장아찌부터 아보카도장이나 낙지장 등 요즘 인기 있는 레시피까지 모두 수록했다. 제철 재료 캘린더, 조리 팁까지 꼼꼼하게 알려줘 요리 초보자도 실패 없이 맛있는 저장식을 만들 수 있다.

손성희 지음 | 176쪽 | 188×235mm | 18,000원

먹을수록 건강해진다!
나물로 차리는 건강밥상

생나물, 무침나물, 볶음나물 등 나물 레시피 107가지를 소개한다. 기본 나물부터 토속 나물까지 다양한 나물반찬과 비빔밥, 김밥, 파스타 등 나물로 만드는 별미 요리를 담았다. 메뉴마다 영양과 효능을 소개하고, 월별 제철 나물, 나물요리의 기본 요령도 알려준다.

리스컴 편집부 | 160쪽 | 188×245mm | 12,000원

건강을 담은 한 그릇
맛있다, 죽

맛있고 먹기 좋은 죽을 아침 죽, 영양죽, 다이어트 죽, 보양죽으로 나눠 소개한다. 만들기 쉬울 뿐 아니라 종류가 다양하고 재료의 영양과 효능까지 알려줘 건강 관리에 도움이 된다. 스트레스에 시달리는 현대인의 식사로, 건강식으로 준비하면 좋다.

한복선 지음 | 176쪽 | 188×245mm | 16,000원

• 인테리어

기초부터 응용까지 베이킹의 모든 것
브레드 마스터 클래스
국내 최고 발효 빵 전문가이자 20년 동안 베이커의 길을 걸어온 고상진의 비법을 이 책 한 권에 담았다. 베이킹 이론과 레시피를 단계적이고 체계적으로 알려주는 원앤온리 클래스로 건강 빵부터 인기 빵까지 40개의 레시피가 담겨있다.

고상진 지음 | 256쪽 | 188×245mm | 22,000원

우리 집을 넓고 예쁘게
공간 디자인의 기술
집 안을 예쁘고 효율적으로 꾸미는 방법을 인테리어의 핵심인 배치, 수납, 장식으로 나눠 알려준다. 포인트를 콕콕 짚어주고 알기 쉬운 그림을 곁들여 한눈에 이해할 수 있다. 결혼이나 이사를 하는 사람을 위해 집 구하기와 가구 고르기에 대한 정보도 자세히 담았다.

가와카미 유키 지음 | 240쪽 | 170×220mm | 16,800원

커피, 달걀, 우유 없이도 이렇게 맛있다고?
비건 디저트
비건을 추구하는 사람, 우유 알레르기가 있는 사람, 건강 때문에 달콤한 디저트를 포기했던 사람까지 안전하게 즐길 수 있는 디저트 레시피. 재료만 섞어서 금방 만드는 머핀과 쿠키, 오븐에 굽지 않아도 되는 오트밀 그래놀라 바, 브라우니까지 알차고 다양하게 구성했다.

시라이 유키 지음 | 144쪽 | 188×230mm | 18,000원

인플루언서 19인의 집 꾸미기 노하우
셀프 인테리어 아이디어 57
베란다와 주방 꾸미기, 공간 활용, 플랜테리어 등 남다른 감각의 셀프 인테리어를 보여주는 19인의 집을 소개한다. 집 안 곳곳에 반짝이는 아이디어가 담겨 있고 방법이 쉬워 누구나 직접 할 수 있다. 집을 예쁘고 편하게 꾸미고 싶다면 그들의 노하우를 배워보자.

리스컴 편집부 엮음 | 168쪽 | 188×245mm | 16,000원

천연 효모가 살아있는 건강빵
천연발효빵
맛있고 몸에 좋은 천연발효빵을 소개한 책. 홈 베이킹을 넘어 건강한 빵을 찾는 웰빙족을 위해 과일, 채소, 곡물 등으로 만드는 천연발효종 20가지와 천연발효종으로 굽는 건강빵 레시피 62가지를 담았다. 천연발효빵 만드는 과정이 한눈에 들어오도록 구성되었다.

고상진 지음 | 328쪽 | 188×245mm | 19,800원

119가지 실내식물 가이드 (하드커버)
실내식물 죽이지 않고 잘 키우는 방법
반려식물로 삼기 적합한 119가지 실내식물의 특징과 환경, 적절한 관리 방법을 알려주는 가이드북. 식물에 대한 정보를 위치, 빛, 물과 영양, 돌보기로 나누어 보다 자세하게 설명한다. 식물을 키우며 겪을 수 있는 여러 문제에 대한 해결책도 제시한다.

베로니카 피어리스 지음 | 144쪽 | 150×195mm | 16,000원

볼 하나로 간단히, 치대지 않고 쉽게
무반죽 원 볼 베이킹
누구나 쉽게 맛있고 건강한 빵을 만들 수 있도록 돕는 책. 61가지 무반죽 레시피와 전문가의 Tip을 담았다. 이제 힘든 반죽 과정 없이 볼과 주걱만 있어도 집에서 간편하게 빵을 구울 수 있다. 초보자에게도, 바쁜 사람에게도 안성맞춤이다.

고상진 지음 | 248쪽 | 188×245mm | 20,000원

내 집은 내가 고친다
집수리 닥터 강쌤의 셀프 집수리
집 안 곳곳에서 생기는 문제들을 출장 수리 없이 내 손으로 고칠 수 있게 도와주는 책. 집수리 전문가이자 인기 유튜버인 저자가 25년 경력을 통해 얻은 노하우를 알려준다. 전 과정을 사진과 함께 자세히 설명하고, QR코드를 수록해 동영상도 볼 수 있다.

강태운 지음 | 272쪽 | 190×260mm | 22,000원

정말 쉽고 맛있는 베이킹 레시피 54
나의 첫 베이킹 수업
기본 빵부터 쿠키, 케이크까지 초보자를 위한 베이킹 레시피 54가지. 바삭한 쿠키와 담백한 스콘, 다양한 머핀과 파운드케이크, 폼나는 케이크와 타르트, 누구나 좋아하는 인기 빵까지 모두 담겨 있다. 베이킹을 처음 시작하는 사람에게 안성맞춤이다.

고상진 지음 | 216쪽 | 188×245mm | 16,800원

화분에 쉽게 키우는 28가지 인기 채소
우리 집 미니 채소밭
화분 둘 곳만 있다면 집에서 간단히 채소를 키울 수 있다. 이 책은 화분 재배 방법을 기초부터 꼼꼼하게 가르쳐준다. 화분 준비부터 키우는 방법, 병충해 대책까지 쉽고 자세하게 설명하고, 수확량을 늘리는 비결에 대해서도 친절하게 알려준다.

후지타 사토시 지음 | 96쪽 | 188×245mm | 13,000원

매일 만들어 먹고 싶은

핫플 카페의
인기 샌드위치

지은이 | 지선아

사진 | 최해성
스타일링 | 이지은

편집 | 김소연 양가현 이희진
디자인 | 한송이
마케팅 | 황기철 김수주
경영관리 | 김은진

인쇄 | 금강인쇄

펴낸이 | 이진희
펴낸곳 | (주)리스컴

초판 1쇄 | 2025년 5월 2일
초판 2쇄 | 2025년 5월 23일

주소 | 서울시 강남구 테헤란로87길 22, 7층(삼성동, 한국도심공항)
전화번호 | 대표번호 02-540-5192
　　　　　　편집부 02-544-5194
FAX | 0504-479-4222
등록번호 | 제2-3348

이 책은 저작권법에 의하여 보호를 받는 저작물이므로
이 책에 실린 사진과 글의 무단 전재 및 복제를 금합니다.
잘못된 책은 바꾸어 드립니다.

ISBN 979-11-5616-283-4 13590
책값은 뒤표지에 있습니다.